人間とは何か
実在とは何か

濱田利英

東京図書出版

本書を手に取って頂いて有難うございます。

本書の内容は２０１８年の姫路大学教育学部の研究紀要において私の発表した研究ノート「人間とは何か、実在とは何か」を基に加筆修正し構成しています。

具体的には、物理的アプローチから「人間とは何か」「実在とは何か」を明らかにし、これから本格的に到来するＡＩ時代に人間の尊厳を確立する理論体系を構築しています。その結論の一つとして、人間の知性とＡＩの知能は全く別の実在であり、ＡＩが人間の感情や知性を持つ事はない事が導かれます。

物理的アプローチと言っても、本書を読むのに物理の予備知識は一切必要ありません。話の展開上必要な知識や補足等については（注）を付け、巻末で説明しています。参考にしていただければ幸いです。

はじめに

本書を書こうと思った動機は三つある。それらは別々のものであったのだが、本書のテーマについて思いをめぐらしている中でひとつの理論体系として出来上がっていった。それを紹介したいと思う。

動機の一つ目は、シュレーディンガーがその著書『生命とは何か』の中で、生命とは負のエントロピーを食べるものであると定義していたのが心に残っていた。生命現象が物理法則によって定義できるなら、人間の感情や知性も物理法則によって定義出来ないかと考えた。感情や知性も元を辿れば肉体と同様、原子・分子に行き着くのだから定義出来ると考えたわけである。つまり、人間の感情と知性を物理学の体系の中に位置付けたいという事である。そうすると新たな世界が開けてくると思った。ところがこれを実現するとなるとなかなか難しい。これまでにない感情と知性の捉え方が必要になるし、物理学・自然科学の体系の何処かに新たな分野を創る必要が出てくるかも知れない。結果的には、これらの困難が動機の二つ目三つ目と結びつき一つの体系としてまとめる事が出来た。ただ、それは当初の目的とは全く異なる結論に行き着いてしまった。しかし、予期できなかったその事が逆に「人間」や「実在」について新たな認識の世界を切り開く事となった。人間の知性とＡＩの知能は、全く別の存在である事等はその内の一つである（注１）。

動機の二つ目は、学生時代に読んだ本の中で印象に残っている言葉があり、何時かはその印象に残っている部分を解明したいと思っていたという事である。その一つ目の言葉は、アインシュタインの残した名言の中にある次のようなものである。あのアインシュタイン曰く「私には、人間が物事を理解出来るという事がよく分からない」と。アインシュタインが人間の知性に目を向けたときの言葉として印象に残っている。二つ目の言葉はゲーテのものである。ゲーテは60歳から自然科学（特に光学）に取り組んだ。そしてニュートンの光学に反発をした。ニュートンは自然光をプリズムで分光し光の粒子説を提唱した。ニュートン物理の方法は、自然現象を分析しその根底にある本質（法則）を突きとめ、それにより全ての自然現象を体系的に説明するというものである。この方法が如何に有効であるかは、ニュートン力学から発展してきた今日の自然科学の進歩を見れば明らかである。ところがゲーテはニュートンのこの方法、特に自然光をプリズムで分光し光の本質を突きとめようとしたこの方法に反発した。ゲーテ曰く「光は自然の中でその本質を表す。分光によって明らかになるのは、光の性質の一部でしかない」と。ゲーテは、自然光の中で人間が感じる自然の美しさや感動を説明できない理論は不完全である、と考えた。

自然科学におけるニュートンの方法の正しさや有効さは言うまでもないが、ゲーテの言うことにも一理ある。これら二つの立場を統合するには、五官から受け取る感覚と知性で導き出した結論とはどのような関係になっているのか、つまり、人間の五感で捉える実在と感情や知性で捉える実在との関係を明らかにすればよい。この事と、先に述べたアインシュタインの言葉の内容とが「人間にとっての実在」とは何かを考えると一つの理論体系の中で矛盾なく統合できる。その実在についての理論体系をここで披瀝する。

動機の三つ目は、科学技術の進歩が人間の認識の変化に大きな影響を及ぼしているという事がある。

その一つ目は、人工知能ＡＩの進歩である。単純な作業のみならず、人間のあらゆる知的な領域にまで進出してきており、人間のアイデンティティを脅かしているように見える。最近では、人間がＡＩと将棋で勝負して負けた。そしてＡＩは「ディープラーニング」という機能を持ち対局毎に成長している。このような事実からＡＩはすごい、人間は追い抜かれてしまい、ＡＩに支配される時代が来ると恐怖に感じたりする事もある。つまり、人間は、人間としてのアイデンティティはその知性にあると考えている。そこで本論では、ＡＩの知能と人間の知性の違いを明確にし、現代に合った人間としてのアイデンティティを再構築したいと思う。

二つ目は、「人間とは何か」「実在とは何か」「人間はどのようにして誕生したのか」というような問いに対して答えていく基礎の部分を自然科学が明らかにしてきており、その事実に則って理論を構築する必要があるという事である。具体的に重要な二つとして、一つは「地球では生命は38億年まえに誕生し、現在も進化している」という事と、もう一つは「宇宙は138億年前にビッグバンにより誕生し現在も加速膨張している」という事が挙げられる。一つ目はダーウィンが『種の起源』を1859年に発表した事に始まるから、随分前の事になる。二つ目の「宇宙の加速膨張」についてはl998年の超新星の観測に始まるからつい最近の事である。進化論が「人間とは何か」を考える上で重要なのは言うまでもないが、宇宙がビッグバンにより誕生し現在も加速膨張しているという事実も「実在とは何か」を考える上では大きな基礎の一つになる。

これまでも人間は「人間とは何か」「人間はどのようにして誕生したのか」というような問いに対して、その時代時代に合った答えを見つけてきた。しかしながら、ニュートン、ゲーテ、カントの時代にはダーウィンの進化論はなかったし、アインシュタイン、シュレーディンガー、サルトルの時代には宇宙の加速膨張は発見されていなかった。もし、彼らがこの二つの事実を知っていたら本論のテーマ「人間とは何か」「実在とは何か」についての認識は変わっていたと思う。そこで、この二つの事実を含む科学的な事実に基づいた実在論を構築したいと思う。

☆本書では哲学者の言葉はヨースタイン・ゴルデル著（池田香代子訳）『ソフィーの世界』より引用している。

人間とは何か　実在とは何か◇目次

序 章

☑本論の萌芽

本論を書き進めていく中で、過去の事も色々振り返る事があり、その中で本論の萌芽は半世紀前の私の高校時代にほとんどあることに気付いた。ニュートンとゲーテの事など「はじめに」で述べた動機と重なる部分もあるが、それをまず紹介し、本論の根底にある部分を理解していただければ有り難い。

高校時代にニュートンの運動方程式を習ったとき、これで世の中の運動の全てが理解出来たと思えるほどの感動があった。そこで、ニュートンの伝記などを読んでみると、運動の法則や万有引力の法則、微積分の発見などニュートンの天才ぶりがこれでもかというくらいに書いてある。そして、ニュートンの後半生はフックやライプニッツとの創始者争いに多くの時間と労力をさいていた。さらにニュートンの論文の中で一番多いのは神学についてであり、ニュートンが最終的に証明したかったのは「神」の存在であるなどと書かれてあった。そうするとニュートンは「神」の存在を証明できなかったのだから、彼の有名な言葉「私は真理の大海を前にして少しばかり美しい貝殻を拾っては喜んでいる子供にすぎない。真理の大海は私の眼前に未発見のまま広がっている」は謙遜でも謙虚でも無く素直なニュートンの気持ちであり、彼の生涯を象徴する言葉として受け取れる。そして、伝記の中では、他人との交流については触れられていなかった。天才の光の部分と孤独の蔭の部分が印象として残っている。

わたしの高校時代の愛読書の一つに芥川龍之介の『西方の人』というのがある。その中で芥川はゲーテをよく取り上げ、ゲーテの素晴らしいところはその雑駁さにあると書いている。そこでゲーテの作品『若きウェルテルの悩み』や『ファウスト』を読みゲーテの生涯について知った。勿論、高校生の私にファウストの深み等は解ろうはずはない。そこでもゲーテの天才ぶりが余すところなく述べられている。そこでは更に、盟友シラーとの交流や、多くの恋が書かれていた。シラーの亡くなった時には自分の半分くらいを失ったと嘆いた。また、ゲーテ74歳のときに19歳の女性に恋をしプロポーズしている。ニュートンとは対人関係において対照的なのだ。この生き方の違いが、光学における姿勢の違いとして表れていると思う。後年知った事であるのだが、ゲーテは5人の子ども全てに先だたれている。ゲーテも喜びや悲しみを刻み込んだ人生であったと思う。

ここに、本論のテーマが顔を出している。つまり、人間にとって何が実在なのか。「物理法則」を発見したニュートンはこの世の真実にたどり着く道を進んでいたのか。ゲーテの「愛」や「友情」は幻だったのか。

ちなみに、ゲーテの生き方を評価していた芥川はその著書の中で「学問をして解った事は学問の無力であった」という言葉を残し、未来に対する漠然とした不安を理由に自殺した。学問は、それほど万能であると思っていたのか。

人類は進化していくが、古代ギリシャの時代と現在では人間の知性はほとんど変化ないと思う。古代ギリシャの哲学者といえば、ソクラテス・プラトンやアリストテレスを思い出す人が多いと思う。ところが私の印象に残っているのは「ターレス」と「プロタゴラス」である。ターレスは「万物は水よりなる」と言った。万物は流転するが、その根底には変化しないものが存在する、それが水であると考えた。草木は水を吸収して成長する、従って草木は水よりなる。動物は草木を食して成長する、従って動物は元はと言えば水よりなる。草木や動物は死ねば土に帰る、従って土は元はと言えば水よりなる。なんと素晴らしい洞察力である事か。表面的には変化していく自然現象を何か普遍の存在によって説明しようとした最初の答であると思う。これが後のマッハのエネルギー一元論や超弦理論に繋がっていく。一方、プロタゴラスは「人間は万物の尺度である」と言った。全ての存在を人間が認識しているのであるから、人間の捉え方が全ての尺度である。絶対的真理が人間を離れて存在するのではなく、対象と人間の捉え方の中に真実を見つけようとした原型がここにある。これが、カントを経て、本論の「原実在」と「人間にとっての実在」に繋がる。

以上のような萌芽を、一つの認識体系に育てたのが本論である。

☑本論で創造した言葉・概念

さて、本論では色々な考え方や言葉・概念を創造し、新たな認識の世界を切り拓き、一つの理論体系としてまとめた。その骨子の部分を紹介する。

- 「人間への飛躍」という言葉と概念を創造し、それにより人間を定義した。
- 「実在の次元」という言葉と概念を創造し、実在についての新たな概念を創造した。
- 「人間にとっての実在」と「原実在」という言葉と概念を創造し、認識と実在の関係を明らかにした。
- 相対性理論の考え方を応用して「固有世界」という言葉と概念を創造し、認識についてのコペルニクス的転換を果たした。

□「認識と実在の巴構造」という言葉と概念を創造し、これまで交わる事のなかった「唯物論」と「観念論」を包含する理論体系を考え出した。

□考えるという行為と物理実験とを関係付け、人間が知りうる事の内容と限界を明らかにした。

□以上の理論展開及びＡＩ内部と人間の体内を支配している法則の違いを明確にし、ＡＩの知能と人間の知性が別物である事を証明した。

□「人生の意義」が実在である事を証明した。

□人間の本能と感情・知性の関係と、対自存在・即自存在の関係を明らかにした。

以上のように、数多くの言葉と概念や考え方を創造し認識と実在の理論体系を構築した。

第Ⅰ章　生命とは何か、人間とは何か

自然科学や哲学の主なテーマが「この世界はどうなっているのか」「人間はどのようにして誕生したのか」や「人間とは何か」に答えることであるなら、初めの二つは、未知の部分はあるが自然科学の進歩によってかなり明らかになったと言っていいと思う。次の「人間とは何か」も生物としての人間はダーウィンの進化論や生命科学の進歩によって大筋は明らかになってきたと言っていいと思う。本論で対象とする「人間とは何か」とは、人間の存在を特徴づける五感・感情・知性は自然科学ではどのように捉えられ何処に如何に位置づけられるのかと言う意味であり、生物学の対象としての人間や、社会的存在としての人間を対象とはしていない。

1節　物理量と人間の五感の関係

人間の五感と物理量の関係は物理学の進歩があって初めて明らかになった。例えば、温度とは原子分子の運動エネルギーの大きさを表す量であるが、その昔には熱素というような原子が存在すると思われていた時代もあった。また、光についてもマクスウェルが電磁気学の基礎方程式を発見し、光波が電磁波の一種である事を証明して、人間は振動数の違いを色の違いと捉える事を明らかにした。人間の五感と物理量の関係をまとめると、次のようになる。

①聴覚（音）について

感覚で捉える音の高低や音色と物理量である音波との関係

高音・低音……振動数の多少

音量の大小……振幅の大小

音色の違い……波形の違い

②視覚（色）について

感覚で捉える物の色と物理量である電磁波（光波）との関係

物の色の違い……電磁波の振動数の違い

③触覚（温度）について

感覚で捉える温度の高低と原子分子の運動の激しさ

高温・低温……原子・分子の運動エネルギーの多少

④**味覚について**

感覚で捉える食物の味と食物の分子構造

食物の味の違い……食物の分子構造の違い

⑤**嗅覚について**

感覚で捉える臭いと鼻孔に入る粒子の分子構造

臭いの違い……気体の分子構造の違い

人間が五感で捉えられる物理量の範囲には限界がある。音波について言えば、振動数が20（Hz）～20000（Hz）までは音として捉える事ができるが、この範囲を超えると感知できない。イルカやコウモリ等、動物によってはこの範囲を超えた音波を感知できる者もいる。電磁波についても振動数が 4×10^{14}（Hz）～ 8×10^{14}（Hz）までは可視光線として感知できるがこの範囲を超えたものは視覚としては感知出来ない（視覚としては感知出来ないが、電磁波の持つエネルギーには肉体は反応する。赤外線を浴びれば暖かいし、紫外線を浴びれば日焼けする）。

2節　人間の五感・感情・知性を宇宙・生命の誕生からの進化の中で位置づける、及び考えるという行為との関係

人間の五感と物理量との関係について述べた。次に、人間の感情や知性と物理量との関係はどうなっているのかについて明らかにする。

図1は、宇宙の誕生から人間の五感・感情・知性が誕生するまでの進化の過程を示している。(A)から(D)の記号は人間への進化の過程やその進化の範囲・状態を表し、①②の数字は人間への進化の方向を表している。

図1は、全て物質(唯物論)の範囲内の現象である(注2)。宇宙の誕生(B)の前にあらゆる自然現象・物理法則・自然法則(A)が存在するとしたのは、我々が存在している宇宙の他にも宇宙が存在するとする理論がある事を踏まえてこのように表現しているが、その真偽については不明であるという意味で宇宙の誕生を波線で囲っている。図中で、矢印を太い波線(数字①)と細い破線(数字②)で区別したのは、現在の物理法則との関係の強さを示している。①の宇宙の誕生から生命の誕生については、その仕組みや原理について、何か重要なポイントが抜けており、現在の物理学・生物学では説明できない部分が

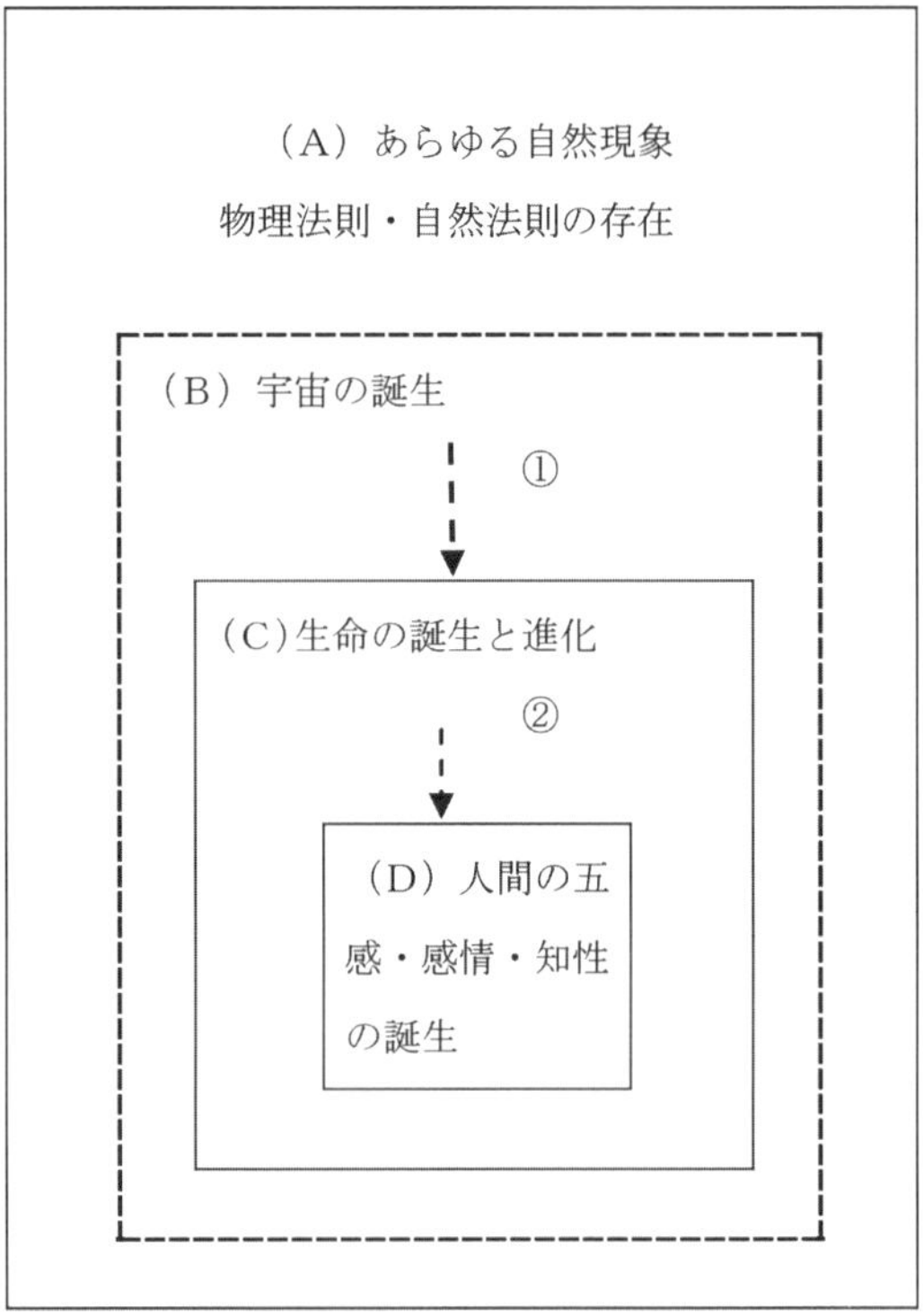

（図１　宇宙の誕生から人間の感情・知性の誕生までの進化図）

残るという意味を波線で表現した（注3）。しかし、生命誕生の仕組みの解明は、現在の物理学・生物学の延長線上にあると考える事もできるという意味を太い波線で表現した（注4）。②の進化については、人間の五感・感情・知性は、物質から誕生したのであるから自然科学の範囲で完結に説明できるはずであるが、現状では物質から何故物質でない面を持つ五感・感情・知性が生じるのか、その根本のところが不明である（注5）。つまり、②の進化については、人間が自然科学で理解出来る現象からの飛躍が起こっていると考え①より波線を細くした（注6）。波線が細いほど現在の自然科学との関係性が薄い、つまり飛躍が大きい事を表している。

☑ 考えるという行為の分析

ここで、図1の（D）の知性の働き、人間がものを考えるという行為を分析する。人間がものを考えるという行為は、考える主体と、考えの対象により構成されている。そうすると、考える主体とは人間の感情・知性であり、それは科学的には脳内の電流・電荷・磁気分布に帰着される（注7）。つまり、考える主体は、原子ではないがエネルギーを持っているので質量とエネルギーの等価性より広義の物質である（注8）。それに対して、考えの対象は抽象的な概念であり非物質である。たとえ、目の前のリンゴを対象にしていても、リンゴ自体ではなくリンゴの持つ概念を対象にしているので非物質である（注9）。仮に、全宇宙の質量を対象にしていても、全宇宙の質量という概念を対象にしているので非物質である。

次に、人間が自分自身の感情・知性を考えの対象にしている場合を考えると、考える主体も考えの対象も同じではあるのだが、考える主体であるときは物質であり、考えの対象であるときには非物質である（注10）。以上説明してきた内容を図2で示した。考えの対象が自分の知性以外の場合（a）と、自分の知性自身に向かう場合（b）とを分けた。考える主体のときは添え字（X）で、考えの対象のときは添え字（Y）をつけて区別した。

これまで、感情・知性といいながら、知性のみを取り上げているが感情についても同様の取り扱いができる。例えば、「人を愛する」という感情は、愛する主体とその愛の対象というように分けられる。

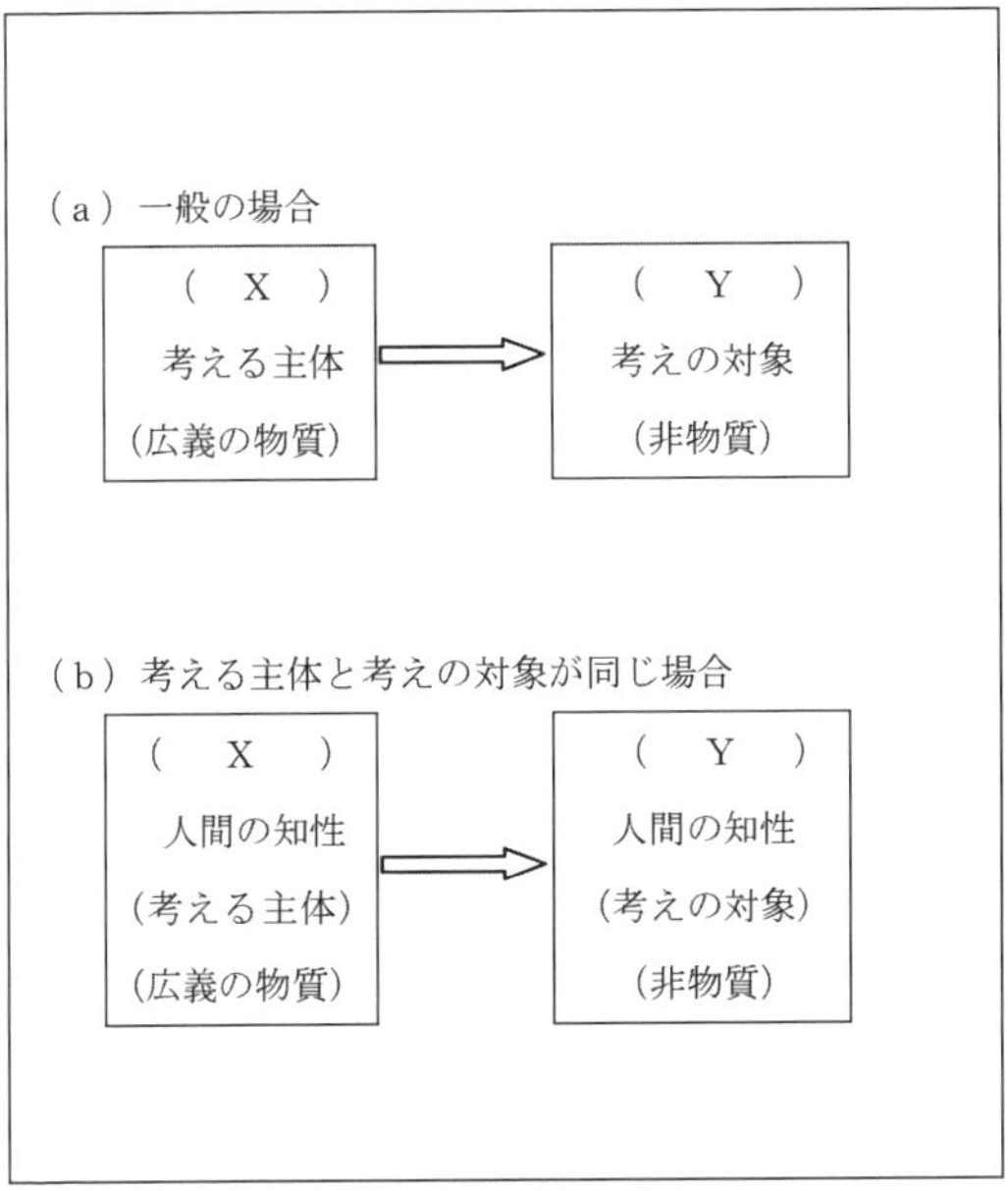

（図2　考えるという行為の仕組み解析図）

☑考えるという行為の分析を人間の五感・感情・知性の誕生に適用する

図2のように、添え字（X）（Y）を使って図1を書き換える。図1の（D）は考える主体（X）と考えの対象（Y）を含んでいるので、主体と対象に分離し（D_X）と（D_Y）とする。そして、図2の（b）に習って考える主体（D_X）を（D）から抜き出すと図3のようになる。（A）・（B）・（C）も考えの対象になっているのでYを添え字として付けた。ここで考える主体（D_X）の考えの対象は、白抜きの矢印③と④の向かう先である。特に、人間の知性と感情を対象にするときは、くどいがあえて④で示した。

このように表記すると、「人間の感情・知性とは（D_X）の事であり」、感情・知性の対象は白抜きの矢印③④の向かう先という事になる。（注11）

この図3は、一見、図1と同じような形をしているが、表す内容は全く異なる。図1は物質世界を表しているのに対して、図3は脳内の考えるという行為を表している。従って、この図3においては、（D_X）は広義の物質で、それ以外は全て非物質である（注12）。また、人間の知性が、人間を対自存在たらしめる仕組みを表しているとも言える（注13）。この図の白抜きの矢印④については、第Ⅲ章で詳しく説明する。

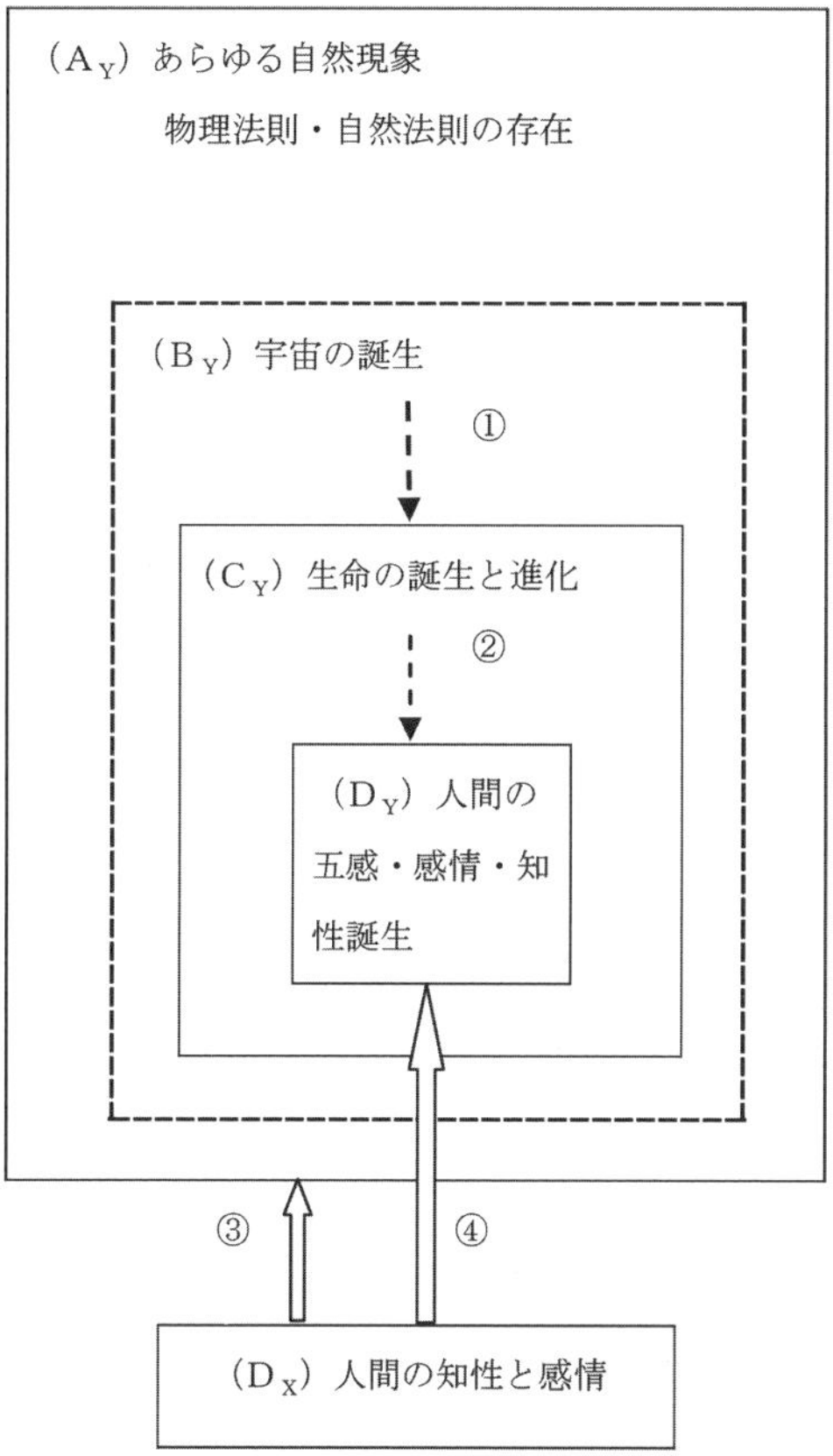

（図３　生命の進化と考えるという行為の解析図）

3節　生命への飛躍、人間への飛躍

（生命とは何か、人間とは何かを定義する）

（人工知能ＡＩと人間の五感・感情・知性の違い）

それでは図1、図3の②の進化について説明する。前に述べたように、人間の五感として受け取る感覚と受信する物理量の関係は物理学の進歩により明らかになった。人間の五感は外からの情報（物理量）を物理量として受信してはいるが、脳に伝わり人間が認識する時には、感覚（視覚・聴覚・触覚・味覚・嗅覚）に置き換えられている。つまり、受信から認識の間に科学的に説明の出来ない物理量から五感（色・音・温度・味・臭い）への飛躍（これを第1の飛躍と呼ぼう）が起こっている。この第1の飛躍こそが生命の特徴である。受信した物理量が脳に伝わり飛躍が起こるまでの流れについては次のようになっていると推測できる。外部から入った情報（光、音等五感に関係する物理量とそのエネルギー）が感覚器官から神経を通って脳に伝わり、脳内の電流・電荷・磁気分布等に変化を起こし、それを五感の感覚として脳が認識する。感覚器官から電気信号として脳に伝わるまでの伝達の仕組みについては、ほぼ解明されているように思うが、肝心の何故如何に物理量が五感の感覚に置き換わるのか、何故物理量が五感で捉えた感覚になるのか、如何にして感覚が生じるのか、その感覚誕生の仕組みについては不明である。つまり、この点において科学的に説明できる事からの飛躍が起こっている。

次に第2の飛躍について説明する。それは広義の物質である電流・電荷・磁気分布から、物質的存在でない面を持つ感情と知性が誕生した事である（これを第2の飛躍と呼ぼう）（注14）。この場合も五感の誕生と同様、如何に感情・知性が誕生したのか、如何に存在するのか、物理的・科学的に説明の出来ない飛躍が起こっている（注15）。この第2の飛躍こそが動物の特徴であり、その現在の頂点が人間である。そこで、「以上の2つの飛躍が起こるのが生命（動物）であり、その頂点が人間であると定義できる」。

ここで、飛躍という言葉を使った意味を詳しく説明する。物理学は、物体の位置・速度や電流等の物理量を時間の関数として表すという形式で進歩してきた。従って、脳の働きについて考えるとき、脳内の電流・電荷・磁気分布等を時間の関数として表すのが物理学の方法であり守備範囲である。更に、脳内にある電流・電荷・磁気分布が生じた時にそれ固有の感覚・感情・知性が生じているというのを解明するのも物理学や医学の守備範囲である。つまり、情報伝達の仕組みや、電流分布等と五感・感情・知性の誕生を繋ぐ関係は明らかになりつつあるが、電流分布等から五感・感情・知性が誕生するその仕組みが明らかになっていない。そこで、この事を（科学的に説明できる事からの）飛躍と呼んでいる。

もう一つ例を挙げると、化学では特定の原子配置になったとき、物質としてどのような性質を持つのかについては多くの事が明らかになっている。例えば、ブドウ糖は（$C_6H_{12}O_6$）の化学式で表され原子配置も明らかになっており、それを食すると甘く感じる事は明らかである。ところが、物理の場合と同様、その原子配置の物を食すると何故如何に甘いという感覚が生じるのかその誕生の仕組みが明らかになっていない。つまり、これまでの自然科学が明らかにしてきた物質世界の法則と、人間の五感・感情・知性が生じる仕組みとの関係が明らかになってはいない。自然科学の守備範囲と五感・感情・知性が生じる仕組みには大きな隔たりがある。そこで、「人間とは何か」「実在とは何か」を解明するためにこの隔たりを飛躍という言葉にくり込んで人間を定義し次に進むという訳である。

ここで述べた飛躍というのは、本論展開の大きな要素の一つである。そこでこの内容をＡＩと人間の反応の仕方及びそこで成立している物理法則を比較する事により、違いを顕在化させ、飛躍の内容を明らかにする。そして、第Ⅱ章5節でこの飛躍の意味を根本的かつ完全に明らかにする。

☑飛躍の内容を、人間の感情・知性と人工知能ＡＩの比較より明らかにする

これまで述べてきた飛躍について、同じ現象に対する人間とＡＩの受け取り方や行動を比較し違いを明らかにする。例えば、「赤い夕日を見て家路に就く」という認識と行為をＡＩと人間の場合で比較する。

◆ＡＩの場合

ＡＩが赤い夕日を見るという現象は、電磁波がＡＩのレンズを通して受信機に入って感知器上で実像を作り、その電磁波の振動数を（4.3×10^{14}）（Hz）と特定しその振動数が赤色に相当すると判定している。夕日の色を赤色と認識する五感への飛躍（第１の飛躍）は起こっていない。そしてその後、ＡＩにプログラムされた一定の情報処理をし家までの運動をする。ＡＩの内部でそれ以上のことは起こっていない。感情や知性（第２の飛躍）は生じていない。その意味では、自動販売機に１００円玉を入れると、ジュースが出てくるという現象を複雑にしただけである。１００円玉を入れた時、自動販売機がお釣りを出しても、ありがとうと音を出しても、自動販売機に知性や感情があるわけではない。

◆人間の場合

これが人間の場合は、夕日の色を電磁波の振動数と認識して受け取るのではなく、赤色という感覚と夕日の景色として受け取る。つまり、赤色の振動数の電磁波は物理量であるが、人間が受け取る赤色は物理量ではない。ここで第1の飛躍が起こっている。

次に、夕日を見てから家路に就く行動を取る過程を分析すると、夕日を景色として受け取る段階で第2の飛躍である感情・知性が大きく関わっている。家路に就くという行動を選択する際にも、対自存在として自分を捉えている。夕日が美しいのでもう少し見ていようとか、家族が心配するから早く帰ろう等々の思いを踏まえて色々な選択肢の中から次の行動を選択している。ＡＩや自動販売機の反応のような一連の動きではない（注16）。

以上のように、ＡＩの知能は人間の知性と重複する部分も多いが、その内容は全く異なる。ＡＩには五感も感情・知性も本能もない。その違いを明らかにする事が人間のアイデンティティの確立に繋がる。

☑ＡＩの内部・人間の体内を支配している法則の違いとその意味する事、飛躍との関係

それでは、次にＡＩと人間の内部を支配している法則という面から、人間とＡＩの違いを明らかにする。

◆ＡＩの場合

ＡＩ内部を支配している法則は、既知の法則の内の主に電磁気学と量子力学である。つまり、ＡＩは電磁気学・量子力学の支配の下にある。

ＡＩが複雑なように見えるのは、動きを全て制御するには複雑であるという事であり、ＡＩを支配している法則は主に電磁気学・量

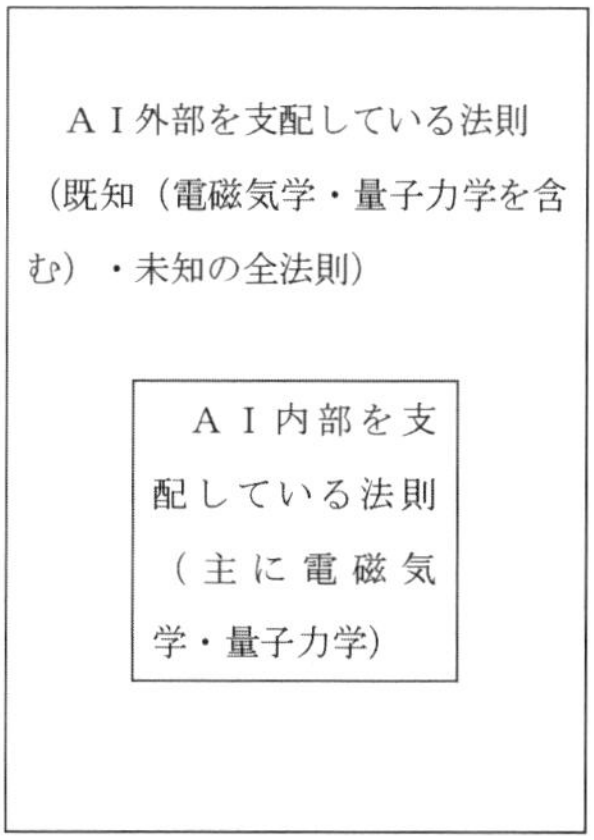

（図4-1　AIの内部と外部を支配している法則）

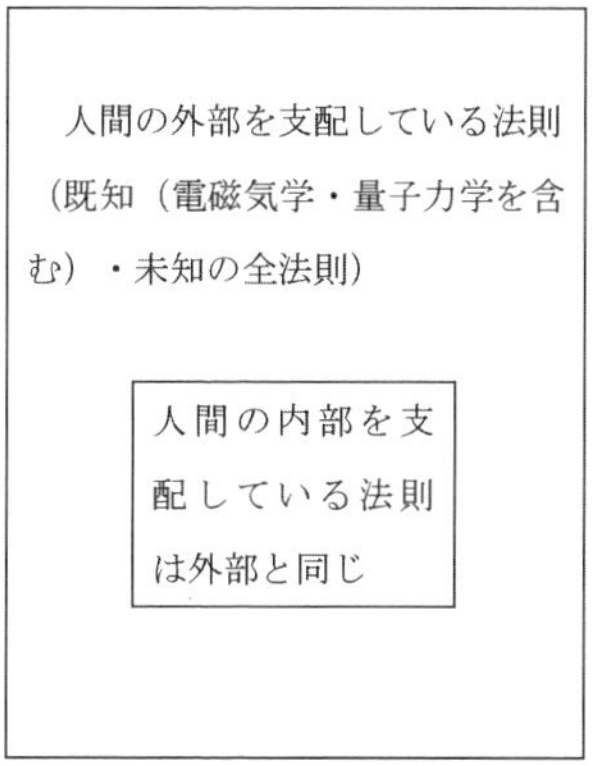

（図4-2　人間の内部と外部を支配している法則）

子力学のみであり単純である。

◆人間の場合

人間の内部を支配している法則は、人間の外部を支配している法則と同じである（注17）。つまり、既知・未知の全法則である。

人間はＡＩに比べ遙かに複雑な存在であり、そもそも何故生命が誕生出来たのか、如何に五感・感情・知性が誕生したのかさえ不明である。それらは、未知の法則の領域内にある。

それでは、人間（生物）の内部と外部を支配している法則が同じであるという事と、進化の過程で獲得した五感・感情・知性はどのような関係があるのだろうか。結論から言うと、五感は生命体の体内と体外を仕切るという役割を果たしている。そして感情・知性は本能との連携の下、その仕切の内部に主体性を生じさせ対自存在たらしめている（この点については、第Ⅳ章４節で詳しく述べている）。ＡＩの場合は内と外を支配している法則が異なるから仕切る必要がない。実際には、人間の形で仕切ったり、犬の形で仕切ったりその使い道にあった形で仕切ればいいだけの事である。ＡＩは明らかになった物理法則の範囲内で生命・人間への飛躍なしに動いている。

第Ⅱ章　人間にとっての実在とは何か

前節で人間の五感・感情・知性の分析から人間とは何かを定義した。ここでは、それを踏まえ「人間にとっての実在」とは何かを明らかにする（注18）。

人間の考えるという行為を分析し、考える主体とその対象に分けると、考える主体は広義の物質であるが、考えの対象は非物質であった。たとえ、目の前にあるリンゴの事を考えていてもリンゴの概念について考えているのであり、考えの対象は非物質である。そこで、人間が存在すると認識しているもの、つまり「人間にとっての実在」とは、考える主体（図3の〈D_X〉）が存在すると考えている考えの対象の概念（Y）である。つまり、対象そのものではなく人間がつくり上げた概念を実在すると認識しているのだ（注19）。そうすると、考える主体（D_X）が認識した「リンゴ」も「愛」も人間にとっての実在であるという事になる。

考えの対象は非物質（概念）であり、考えの主体が認識したものが「人間にとっての実在」であるとしたこの部分は本論展開の中核の一つである。一般的な考え方と比較し内容を深める。

我々は経験的には、唯物論の「真の存在は物質のみで精神はそれに付随する現象である」というような考えを持ちがちである。そして前ページの横線をつけた考えへの反論として次のように考える。『考える主体が、たとえ物質という概念を取り扱っていても、その概念を取り扱う前に物質は厳として存在しているという事実があり、その上で物質という概念を取り扱っているのであって、実在についての根拠のないところで概念を取り扱っているのではない』。従って、「リンゴ」は実在であっても「愛」を同じ実在としていいかどうかは疑問が残る、と。

この物質として厳に存在するという部分について、実は厳に存在している物質というこの考えがそもそも現在では根拠の希薄な概念（考えの対象）である（注20）。

それでは次にこれに関連した実在の次元について説明する。

1節　実在するとはどういう事か、実在の次元

先に、人間にとって実在するものとは、「考える主体（D_X）が認識した考えの対象の概念である」と結論付けた。従って、目の前にある「リンゴ」も「愛」も人間にとっては確

実な実在である。ただ、「リンゴ」と「愛」は実在の定義からは同じではあるが、物質との関係とその存在する時間的な長さによって、実在の次元という考えを導入し、区別する事も出来る。そうすると、人間にとっての実在の意味が明らかになる。この点について、少し例を挙げながら次に述べる。

鴨長明の『方丈記』の出だしは次のようである。「ゆく川の流れは絶えずして、しかも、もとの水にあらず。淀みに浮かぶうたかたは、かつ消えかつ結びて、久しくとどまりたるためしなし。……朝に死し、夕に生まるるならひ、ただ水の泡にぞ似たりける。」

これは人生の儚さをうたった文として有名であるが、本論のテーマにも関係している。ここまで、唯物論と異なる実在の定義をしてきたが、まず唯物論の真の実在は物質のみというところを起点として『方丈記』の内容を検討する。そうすると、この場合の真の実在は川の水そのものである。そうすれば、川に浮かぶうたかた（泡）はどのように考えればよいのか。川に泡が出来ているのといないのとでは人間にとっては明らかな違いがあり、泡が出来ていると（D_X）が認識しているのだから、泡は、人間にとっては真の実在の配置によって創り出された実在であると言える。つまり、この物質の配置による存在も人間にとっては一つの実在の形（次元の異なる実在）と考えられる。そこで、本論では物質そのもの（この場合は水）を第1次の実在、その配置による存在を第2次の実在（この場合は泡）と定義する。これらは、実在の次元こそ違え人間にとっては明らかな実在である。第1次の実在は永久にあるように見えるが、第2次の実在は存在の時間が短く儚さを伴う（注21）。

別の例を挙げるとさらに解りやすい。一個のリンゴがあるとしよう。このリンゴをリンゴのままにしておくのと、原子にまで分解した状態を比べると、人間にとっては第1次の実在は同じであるが、第2次の実在は異なる、と言える。もう一つ例を挙げる。ミケランジェロのダビデ像がある。このダビデ像を、そのままにしておくのと、砂（原子）にまで分解した状態を比べると、人間にとっては第1次の実在は同じであるが、第2次の実在は異なる、と言える。このように、第2次の実在とは原子の配置にその存在を認めるという事である。

次に、第3次の実在について説明する。先ほどのリンゴとダビデ像の違いについて考える。リンゴとダビデ像について、そのままの形の状態と原子にまで分解した二つの状態について、リンゴを食する人間とナメクジの場合のとらえ方を比較すると、第3次の実在の意味が明確になる。ナメクジには感覚はあるが感情・知性はない。このナメクジにとっては、リンゴのまま存在するリンゴと、原子にまで分解してしまったリンゴとでは食えるか食えないかの決定的な違いがあるが、ダビデ像と砂になったダビデ像は同じ存在でしかな

（表１　実在の次元とその識別）

実在の次元	次元の内容と認識，その例	人間	ナメクジ
第１次の実在	物質が存在するかしないかを認識できるか。（例：リンゴがあるかないかを認識できるか。）	○	○
第２次の実在	原子配置の違いを認識できるか。（例：リンゴのままのリンゴと，原子にまで分解したリンゴの違いを認識出来るか。）	○	○
第３次の実在	物質を超えた概念を創造できるかどうか。（例：ダビデ像のままのダビデ像と砂にまで分解したダビデ像の違いを認識できるか。つまり，ダビデ像の中に美しさや象徴的な意味を見いだせるか。）	○	×
☆○印は認識できる。×印は出来ない事を表している。 ☆人間とナメクジでは，認識できると言っても認識の深さに差があるが，とにかく出来るか出来ないかを表記している。			

い。ところが人間にとっては、リンゴの場合はナメクジと同じであるが、ダビデ像の場合は異なる。人間はダビデ像の中に大理石の形の美しさを見出したり、精神的なものの象徴としての意味を見出したりする。つまり、ダビデ像は人間の感情と知性によってその存在の意味（価値）が創造されている。このように、人間の感情・知性によってのみ創造される実在を第3次の実在と定義する。第3次の実在は物質ではない。

以上の内容を表にすると解りやすい。

☑「人間にとっての実在」という表現の意味

ここまで述べてきたリンゴとダビデ像の例から、人間にとっての第1・2次の実在は、ナメクジにとっても生死に関係する意味のある事ではあるのだが、ナメクジがこの人間にとっての第1・2次の実在について、人間と同じように認識する事はない（ナメクジには人間のような視力や感情・知性はないので）。つまり、人間の五感・感情・知性があって初めて人間にとっての第1・2次の実在が認識されるのであって、人間とは異なる感覚器官を持っているナメクジは、人間にとっての第1・2次の実在について人間とは異なるナメクジにとっての実在として認識している。この事を強調するために「人間にとっての実在」という表現をしている。以上の内容を象徴的に表現すると、「ringoをリンゴと認識する人間の認識があって初めてringoはリンゴになる」と言える（注22）。

第3次の実在は物質と関係がさらに希薄になっており、人間の感情・知性があって初めて存在する人間の感情・知性の創造物である、と言える。第3次の実在はナメクジには存在しない。

☑第3次の実在の性質

前で第3次の実在について定義した。それでは第3次の実在はどのような性質を持っているのだろうか。万有引力を例にとりその性質を明らかにする。ダビデ像も万有引力も人間の創造物であり、（D_X）が認識したものである点では同じであり万有引力も勿論人間にとっての実在である。ダビデ像がミケランジェロにより創造されたように万有引力の法則はニュートンにより創造された。万有引力の法則はニュートンにより発見されたのではなく、創造されたのだ。何故かというと、万有引力に関係する現象として物体を手放すと落下するとか、太陽の周りを地球が公転しているという事実があり、それをうまく説明する為に万有引力の法則という概念を創造したのだ。もう少し付け加えると、物体を手放すと物体は落下するという事実に対して、アリストテレスは「物体は下があるべき位置だから落下する」と説明した。「あるべき位置」という概念を創造したのはアリストテレスであって、今ではあるべき位置などという概念はない。同じ現象を見て、ニュートンは万有引力という概念を創造した。それは、簡潔で美しく適用範囲が広いので、現在に於いても大多数の人にとっては実在である。ところが、この概念は今では現象を完全に説明出来るとは言えない。近似的に成立するとしか言えない。今では、この落下の現象については一般相対性理論の時空の歪みによって完璧に説明出来る。従って、一般相対性理論を理解している人から見れば万有引力は実在ではなく、空間の歪みこそが実在であると認識するだろう。また、素粒子論に精通している人から見れば同じ現象に対して重力子の交換を実在と捉えるだろう。そして何時の日か空間の歪みや重力子を超える理論が出来て、これらが万有引力と同じ扱いになる日が来るかも知れない。それでは、我々は実在ではないものを実在と認識していたのかと言うとそうではない。我々が今認識しているものこそが「人間にとっての実在」なのだ。そしてそれは個人の数だけある。第1・2次の実在は主に五感から得た情報によって構築されていたのに対し、第3次の実在は人間の感情と知性により創造されているといえる。

2節　人間は何について知り得るのか、知性の特徴と限界

☑人間にとっての実在と原実在の関係

これまで、実在という言葉を使うときに実在の前に人間にとっての実在というように「人間にとっての」という言葉をつけてきた。それは、人間には人間にとっての実在があるようにナメクジにはナメクジにとっての実在がある、と言うことを強調するためである。リンゴを例にとり考えると、人間がリンゴと認識するその元になる存在をringoとすると、人間は人間の認識能力（五感・感情・知性）を使ってリンゴと認識するし、ナメクジはナメクジの認識能力を使ってナメクジにとってのリンゴと認識するであろうし、ゴキブリにとってもネズミにとっても同様の事が言える。そこで、それぞれの生物がそれぞれの認識能力でもって認識するその元になる対象（存在）、この場合はringoを「原実在」と名付ける。そうすると、全ての生物はそれぞれの認識能力を用いて原実在に接するのであるから、生物の数（認識能力の数）だけそれぞれにとっての実在が存在する事になる。そして、それぞれの生物が実在すると認識するものは、その対象を確認するという行為の影響を受けており、原実在そのものではない（注23）。この点は本論展開の中核の一つである。この

点について次の二つの観点から述べる。

☑「原実在」存在の確かさ

一つ目として、原実在が存在する事の確かさについて述べる。宇宙・生命の誕生から人間の感情・知性の誕生までを振り返ってみる。宇宙の誕生であるビッグバン直後にすでに人間の魂が存在していたなどとは考えられない。従って、宇宙が誕生し、生命が誕生し、その後に人間の感情や知性が誕生したと考えられるから、まず我々が物質と捉えているものの存在が精神の存在よりも時間的に先にあるのは間違いない。そして、精神が、この物質と捉えているものから誕生したのも間違いない。ここで横線部の存在が原実在である(注24)。

☑知性の特徴と限界

二つ目として、それぞれ生物にとっての実在は認識するという行為の影響を受けている、という事について述べる。これは人間にとっては、「原実在」を認識するとき、その認識するという行為が「人間にとっての実在」に如何にどれくらい関係しているのかと言うことであるが、抽象的であるので、物理学における探究の例を参考にする。
物理学においてあるものの存在やその性質を調べるには、その対象に何らかの働きかけをして、その反応から判断する。例えば、原子核が何からどのように構成されているかを調べるには、原子核に陽子等の素粒子を衝突させ、その反応の仕方より解明する。この時我々が知りうる情報には次の限界がある。

⑴　原子核に衝突させる粒子の持っている性質（原子核と反応する性質）しか原子核について知ることは出来ない。例えば、原子核に陽子と中性子を衝突させる場合を比較すると、陽子を衝突させる場合は、陽子は正の電荷を持っているから電荷の衝突に対する原子核の反応を知ることは出来るが、中性子を衝突させる場合は中性子は電荷をもっていないので電荷に対する反応を知る事は出来ない。

⑵　知り得た結果は、衝突させるという行為の影響を受けている（観測者効果についてのハイゼンベルクの不確定性原理）。（注25）

以上の事から、我々が知り得るのは、原子核そのものではなく、我々が知ろうとする原子核の性質に限られ、その知ろうとする行為の影響を受けた原子核であると言える。

同様の事がこれまで述べてきた人間が物事を認識する行為についても言える。認識する対象に対して働きかけを行い、その反応から対象の存在やその性質を認識している。人間の場合、この認識するための働きかけの種類とは、人間の五感・感情・知性の事である。原子核の実験からの類推により次の事が言える（注26）。

⑴　人間の五感・感情・知性と反応するものは認識できるが、反応しないものについては知ることが出来ない。

⑵　「人間の認識するという行為」の影響を受けた結果しか知る事は出来ない。

⑵については抽象的な表現であるが、例えばリンゴの形について、リンゴはどんな形をしているかと言う問いを対象（自らの頭の中にあるリンゴの概念）に対して投げかける。そうすると、問おうが問うまいがリンゴの形に対する概念は存在しているが、問うという行為により、自らの頭の中で答（球形であるとかへたがあるとか）を準備する。その答を準備するという行為により答の形が影響を受けている。

以上のように、人間の認識する「人間にとっての実在」とは、「原実在」そのものではなく、人間が認識できるものに限られ、その認識しようとする行為の影響を受けていると言える（注27）。

要約すると、人間の認識を超えた原実在（ringo, busshitsu 等々）は存在する。その原実在は、人間のそれを捉えようという機能と行為によって、人間にとっての実在（リンゴ、物質等々）として姿を表す。そして、その捉えようという行為の影響を受けた結果しか人間は知り得ない。原実在自身を人間は原理的に知る事は出来ない。これが人間の知性の限界である（注28）。

人間の知性に限界があるからといって残念がる事はない。原実在自身を人間が知ることは人間にとっては意味のないものである。人間にとって意味のあるのは、（図3の〈D_X〉が認識した人間にとっての実在のみである。（第Ⅲ章2節で更に展開する）

このような論理の展開からは、もう一つ重要な事が導かれる。それは、人間にとっての実在とは（図3の〈D_X〉）が認識したものである。そうすると（図3の〈D_X〉）は集団の感情や知性ではなく、個人の感情・知性である。つまり、人間にとっての実在とは個人が認識したものであり、個人の数だけ存在する。ダビデ像を見てそこに何を感じるかは個人の数だけ存在するのだ。この個人の数だけ存在するそれぞれの「人間にとっての実在」で構成された世界を固有世界と名付ける（注29）。そうすると、固有世界の性質は、相対性理論の固有時間・固有空間（これからは時間と空間をまとめて時空と言う事もある）の性質とよく似ている。これについて次に述べる。

3節　固有世界の性質

ここでは、「人間にとっての実在」によって構成された「固有世界」の性質を明らかにする。まず、「この世で起こる全ての出来事と人の生死の関係」を、この固有世界と、人間が経験から万人に共通に存在するとイメージしている（絶対）世界では如何に捉え方が異なるのかを示し、その異なり方が相対性理論の固有時空と絶対時空での捉え方の異なり方と同じである事から、固有時空の考え方を参考に固有世界の理解を深める事とする（注30）。

まず絶対世界では、『万人に共通の絶対世界が存在する。』この世で起こる全ての出来事（事件）は、物質的な要素と人間的な要素により構成されている。各個人の存在や事件はその万人に共通の絶対世界を構成する一つのパーツである。従って人が誕生すればそのパーツが一つ増え、死ねばパーツが一つ減る。世界はそのパーツの増減とは関係なく存在する』これに対して、固有世界という考えでは次のようになる。『全ての人間に、その人固有の固有世界が存在する。この世で起こる全ての出来事（事件）は、「人間にとっての実在」により構成された物質的な要素と人間的な要素により構成されている。人間が誕生すると固有世界が一つ誕生し、死ぬと一つ消滅する。それぞれの固有世界は独立した存在で全体を構成する一つのパーツではない。一つの固有世界の誕生消滅が他の固有世界に影響を及ぼす事はない』

同じ種類の横線を付けている部分が、同じ事柄に対する絶対世界・固有世界からの捉え方の対応している部分である。

万人に共通の世界が一つだけあるという認識から、一人ひとりに固有の世界があるという認識の変化は、ニュートンの絶対時空から相対性理論の固有時空への変化と同じパターンの変化である。参考までに、右で述べた「この世で起こる全ての出来事と人の生死の関係」について、ニュートンの絶対時空での捉え方と相対性理論の固有時空での捉え方を比較する。ニュートンの絶対時空の中では、経験的に次のように考えている。『万人に共通の絶対時空が存在する。この世で起こる全ての出来事（事件）は、この絶対時空の中で、原子の結合や分離そして運動として記述される。絶対時空の中で、人間の生死は一つの事件として記述されるが、絶対時空の存在に影響を及ぼす事はない。人間の生死と時空の存

（表2-1　固有世界と絶対世界の関係）

	固有世界（人間にとっての実在より構成） （現実の存在）	絶対世界（人間が経験よりイメージしている世界） （架空の存在）
世界の数	人間の数だけ存在	1つ
事件	各固有世界の中で捉えられる各固有世界に固有の事件	事件は絶対世界を構成する一つのパーツ
人間の誕生・死と世界との関係	1人誕生すると固有世界が1つ誕生し，1人死ぬと1つ消滅する。（1人の誕生と死は，他の人の固有世界を構成する1つのパーツの誕生と消滅であり，他の人の固有世界の存在には無関係）	絶対世界の存在には無関係（1人の人間の誕生と死は，絶対世界を構成する1つのパーツの誕生と消滅）
固有世界間の変換規則	未発見	
固有世界を生み出した元	原実在と それを認識する人間の精神	

（表2-2　固有時空と絶対時空の関係）

	固有時空（相対性理論により定義，座標系毎に１つ存在）（現実の存在）	絶対時空（古典力学の時空）（架空の存在）
時空の数	座標系毎に１つ存在	宇宙に１つ存在
事件	座標系毎に存在する固有時空の中で記述される。	１つの事件は宇宙にただ１つ存在する絶対時空の中で記述される
人間の誕生・死と時空との関係	１人誕生すると固有時空が１つ誕生，１人死ぬと１つ消滅	絶対時空の存在には無関係
固有時空間の変換規則	ローレンツ変換	
固有時空を生み出した元	原実在と相対性理論	

在は無関係である』ところが、固有時空の中では次のように捉えられる。『全ての人間に、その人固有の時空が存在する。この世で起こる全ての出来事（事件）は、この固有時空の中で、原子の結合や分離そして運動として記述される。人が誕生すると一つの固有時空が誕生し、死ぬと一つの固有時空が消滅する。ある人の固有時空の誕生消滅が他の人の固有時空に影響を与えるという事はない』以上の横線を引いた部分を比較すると、絶対時空と固有時空の関係と絶対世界と固有世界の関係が全く同じである事が解る。そこで、相対性理論の固有時空の性質を参考に固有世界の性質を考えてよい事が解る。

以上述べた事を表にすると解りやすい。

以上のように、固有世界と絶対世界、固有時空と絶対時空との間に同じ関係が成立するがこれは偶然ではない。これについては、次節で述べる。

その人固有の時空が存在するという認識の変化は、天動説から地動説への認識の変化と同じくらい大きい。しかし、これは認識の変化であってすぐに現実（五感で捉えた世界）が大きく変わるという訳ではない。天動説から地動説に認識の変化が起こっても見上げる夜空の星は変化なく輝いている。同じ事が「絶対世界」から「固有世界」への認識の変化についても言える。

次に各固有世界間の関係について述べる。特殊相対性理論ではある座標系と他の座標系との時空の関係はローレンツ変換によって表される。ところが、各固有世界間の関係を記述する理論は現在のところ不明である。それではある人の固有世界と他の人の固有世界は同じようなものなのか、という疑問が出てくる。つまり、ある人Aが認識する「リンゴ」と他の人Bが認識する「リンゴ」は同じものだろうか。ある人Aが感じる「愛」と他の人Bが感じる「愛」は同じような感情なのだろうかという事である。結論から言うと、同じであるとの確信はあるが、証明は出来ない。同じであるというのは、人は皆同じ進化の過程を経て、同じ種類のDNAを持ち、同じ喜怒哀楽を示し会話が出来るということから確信出来る。証明するには、前章で述べた第1第2の飛躍が解明されたときに証明できる。別の表現をすると各固有世界間の変換規則、特殊相対性理論のローレンツ変換に相当するものが発見されたときに証明出来る。

4節　「固有時空」「固有世界」の存在と、「原実在」「人間にとっての実在」の関係

前節で述べたように「固有時空」と「固有世界」は同じ性質を持っていたが、それは偶然ではない。これを次に説明する。まず「原実在」について、「原実在」は確実に存在する存在ではあるが、人間には「存在する」という性質のみを持っている存在である。はっきりとした概念はあるが、それが人間には解らないというのではない。「原実在」を捉えようとすると「人間にとっての実在」として姿を表す、という性質（概念）だけを持っている存在である。

次に、ニュートンの「絶対時空」であるが、これは誰もその存在について確認した訳ではなく、経験から存在すると考えた架空の存在である。この存在については、相対性理論により否定され、実際に存在するのは座標系毎に存在する固有時空である事が実証されている。つまり、この固有時空は、人間の数（座標系の数）だけ存在する「人間にとっての実在」の一つという事になる。そしてjikuuという原実在は人間がそれを捉えようとすると固有時空として姿を表す。

同様に、世界についてであるが、万人に共通の存在であると考えられた「絶対世界」は

「絶対時空」と同様架空の存在である。我々が認識している世界は各個人毎に存在する「人間にとっての実在」より構成された「固有世界」である。つまり、原実在であるsekaiを認識したものが固有世界である。「絶対時空」の存在は相対性理論により否定され、「絶対世界」は本論の論理の展開（「固有世界」は「人間にとっての実在」の一つ）と、相対性理論からの類推〈表2－1〉と〈表2－2〉との比較）により否定されたという事である。

要約すると、「絶対時空」「絶対世界」は架空の存在で、原実在であるjikuu, sekaiを認識したものが「固有時空」「固有世界」である。従って、「固有時空」「固有世界」が同じ性質を持つのは当然の事である。

相対性理論の後押しを受けて、絶対世界の存在を否定し固有世界の存在についての理論を展開してきた。相対性理論の正しさは実験により確認出来るように、本論の正しさはこれまでの論理展開と相対性理論との類似性より確信できると思う。今後は、ＡＩの進歩の中で「ＡＩは人間にとっての実在の中だけの存在であって、ＡＩには固有世界がない」という事がより顕在化し、本論の正しさが実感できるようになると思う。もし、仮にＡＩが固有世界を持ったとしても人間のものとは別物である。これについては第Ⅲ章でさらに詳しく述べる。

5節　「人間にとっての実在と原実在」「唯物論と観念論」の関係
（人間の感情と知性は自然科学の体系の中で何処に如何に位置づけられるか）

前に述べたように唯物論とは、真の存在は物質のみで、精神はそれに付随して起こる現象であるという考え方であるとする。観念論は逆に、そこに物質が存在するという人間の認識があってはじめて物質が存在するのであって、物質の存在よりも人間の認識が先（根本的）である、とする考え方とする。そうするとこれらは、どちらも正しいようにも見えるし、相容れないようにも見える。その原因は二つある。一つは、原実在と人間にとっての実在の関係を明らかにしなかった事。もう一つは、人間の考えるという行為は考える主体と考えの対象から構成され、考える主体は原実在に属したままであるのに対し、考えの対象は人間にとっての実在として姿を表すという認識がなかった為である。そこで、これまで述べてきた事を踏まえ、原実在と人間にとっての実在の関係を図示し、これら二つの実在の関係や唯物論と観念論の関係を明らかにする。

（図5－1）は、原実在の中でuchu（busshitsu）の誕生から人間のseishinが誕生するまでの進化を表している。

ここで、人間のseishin自身である考える主体は、この図の内容自体を考えの対象にする事ができる。そして、図1から図3へ書き換えたように、（図5－1）を書き換える。

そうすると、（図5－2）のようになる。

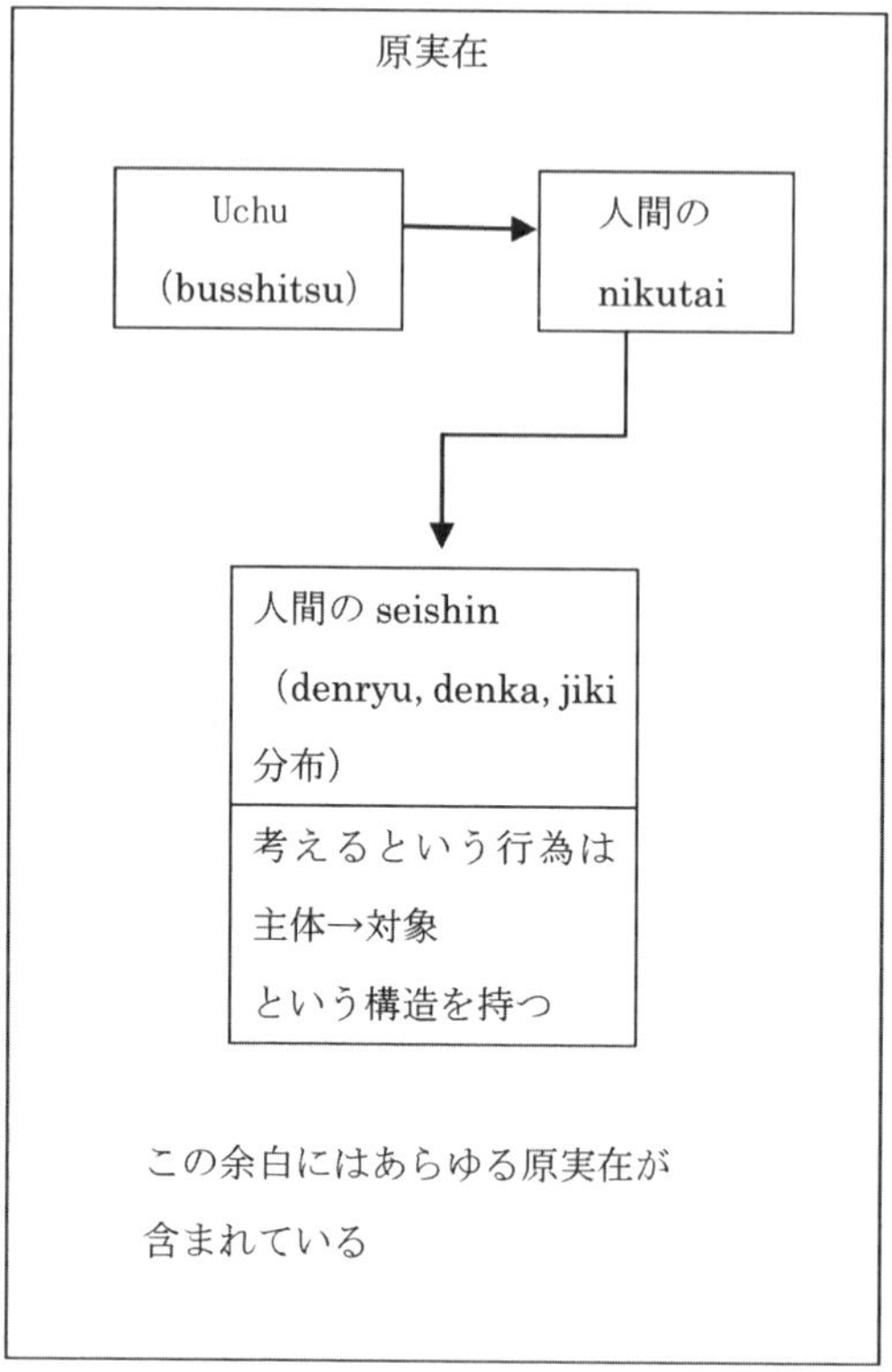

（図5-1　原実在の進化）

busshitsuからseishinが誕生するまでの過程を表している。これは原実在の範囲内での進化である。

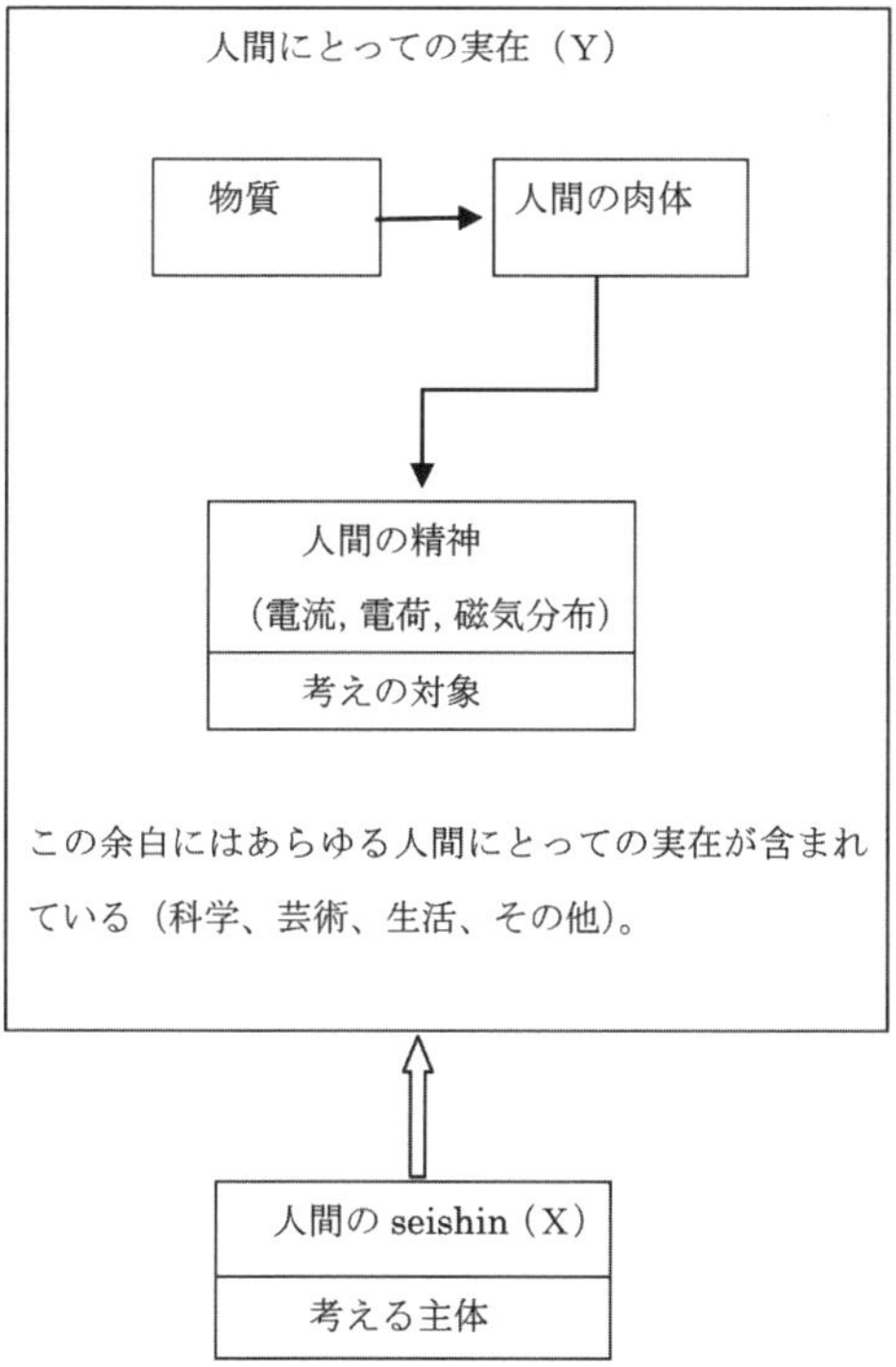

（図5-2　原実在の進化を人間にとっての実在とする）

busshitsu より誕生した原実在である人間の seishin の考えるという行為は、考える主体と考えの対象より構成されている。考える主体が（図5-1）の内容を考えの対象にしたとき、（図5-1）は人間にとっての実在（Y）になる。考える主体である人間の seishin（X）の考えるという行為自身は原実在のままで考えの対象にはならない。（注31）

これまで述べてきたことから、次のように言える。（図5－1）の原実在の進化を考えの対象にすると物質から精神が誕生し唯物論になる。つまり、原実在は人間にとっての実在になり、ローマ字表記していたものが漢字表記〈図5－2〉のY）になる。また、（図5－2）のseishin（X）を精神で置き換えると、まず物質を物質と認識する精神が存在するから観念論になる。これらはいずれも原実在を定義していない為、どこかの段階で原実材を人間にとっての実在で置き換えており、完結した説明になっていない。そこで、次に（図5－1）（図5－2）を参考にしながら、従来の唯物論・観念論を一つの理論の下に統合する。

まず、唯物論と観念論の問題点を明らかにし、その後統合した考え方を示す。

唯物論について‥唯物論の真の存在は物質のみであるという主張は正しいのか。ここで真の存在と言っているのは原実在とよく似た意味で使っているが、これまで述べてきたように物質と言った時点ですでに原実在ではなく人間にとっての実在になっている。そして付随すると言っている精神も物質と同じ人間にとっての実在である。実在の次元の違いを真の存在とそれに付随する現象として表現し区別している。この部分だけを取り上げれば単に表現だけの問題のようにも見えるが、人間のseishinがbusshitsuを物質と認識しているという根本的な視点が唯物論には抜けている。

seishinはbusshitsuから誕生したが、seishinが存在して初めてbusshitsuを物質と認識できるという「存在と認識の巴構造」を明確にしないと唯物論と観念論の溝は埋まらない。（図5－1）で示したようにseishinはbusshitsuから人間への飛躍により誕生した原実在そのものである。そのseishinの考えるという行為は考える主体と考えの対象から構成され、seishinの考えの対象になり人間にとっての実在になったのが物質であり精神である。

観念論について：観念論の人間の認識があってはじめて物質が存在する、物質の存在よりも人間の認識が先（根本的）である、という主張は正しいのか。この表現については、（図5－2）の白抜きの矢印の出発点と向かう先について述べていて、この部分については正しいが、人間のseishinは認識するという事については出発点であるが、そのseishinを誕生させたのはbusshitsuであるという「存在と認識の巴構造」がここでも表面化する。従って、人間の認識があってはじめて物質が存在するという部分は正しいが、人間の認識の前にbusshitsuは存在しているという根本的な視点が観念論には抜けている。

以上のように、存在と認識の関係を唯物論とか観念論単独の範囲で完結的に説明する事は出来ない。完結的に説明するには、考えるという行為の構造及び「原実在」と「人間にとっての実在」の関係、更に「存在と認識の巴構造」を踏まえ次のように表現するとよい。宇宙誕生時の実在は原実在であるbusshitsuのみであり、それより人間のnikutaiが出来、その後seishinが誕生した。原実在であるseishinが原実在である(busshitsuやseishin)を捉えようとすると、人間にとっての実在である(物質や精神)として姿を現す。seishinはbusshitsuを物質として認識するのであってbusshitsuそのものを認識する事は出来ない。同様に、seishinはseishin自身を認識する事は出来ないし、(注31)で述べたようにseishinの考えるという行為自身は考えの対象にすら出来ない。

横線の部分のseishinの考えるという行為自身は考えの対象にすらならないというのは、感覚的にもぼんやりとは実感出来る。自分自身の頭の中で考えるという行為自身に注意を向けてもらいたい。我々は、このseishinの考える主体自身とは何かを突き止めようとして、考える主体自身について考えようとした瞬間にその考える主体は考えの対象になってしまい、考える主体自身について考える事は出来ない。考えるという行為の分析はできても、seishinの考える主体自身の働きを考えの対象にする事は出来ない、という事である。これについては第Ⅲ章で詳しく述べる。

以上の展開から、本論の展開当初のテーマである「人間の精神(感情と知性)は自然科学の体系の中で何処に如何に位置づけられるか」という事が明確になった。我々が自然科学と呼んでいるものは、人間の創造物であるから、(図5-2)の白抜きの矢印の向かう先の「人間にとっての実在(Y)」の中に存在する。ところが、考える主体自身の「人間のseishin」は原実在であるから、白抜きの矢印の出発点であり、人間にとっての実在から構築されている自然科学の体系の中にはない。言うまでもないが、考えるという行為や喜怒哀楽を生み出している脳内の電流・電荷・磁気分布は物理学や医学の対象であり自然科学の体系の中に位置づけられる。

このように分析してくるとＡＩの知能は人間の創造物であるから、人間にとっての実在の範囲内にあり、原実在である人間の知性・感情とは全く別物である事が解る。

考えてみると、本論の最初のテーマ「人間の精神は自然科学の体系の中の何処に位置付けられるか」というのは、原実在であるseishinと人間にとっての実在である精神との区別がついていない時の発問であった。

一般に人間の精神と言っている時には原実在であるseishinを指している。本論の体系では原実在であるseishinについては上で述べた通りである。

それでは、人間にとっての実在である「精神」は自然科学の体系の中に位置付けられるのか。精神を、自然科学の体系の中に位置付けるには、busshitsuからseishinの誕生への進化が原実在の中で起こり、その原実在の中で起こった進化を人間にとっての実在である物質から精神の誕生として説明しなければならない。これは、第Ⅰ章3節の人間への飛躍と言った内容を、科学的に説明するという事と同じである。したがって、ここまで論理を展開してきて何故説明出来ないのかという事が明らかになり、人間の認識の仕方を理解するという面からみると、大きく進歩した。しかし、飛躍の内容を科学的に説明出来ないという事には変わりはない。これを説明するには、科学そのものの進歩が必要である。

不可能な部分は不可能として、以上で、新しい認識と実在の理論体系が確立した。

ここで、これまで取り上げてきた例についての事象が、「原実在」「人間にとっての実在」の何処に存在し、何処で起こっているのかをみてみよう。

(1) ringoをリンゴと認識する。そして、リンゴを食する。

原実在であるringoを人間にとっての実在であるリンゴとして認識する。そして、リンゴを食するというのは人間にとっての実在と認識しているリンゴを人間にとっての実在の範囲内で食している。

(2) ダビデ像を彫るという行為。

原実在であるdairisekiを人間にとっての実在である大理石と認識し、ダビデ像を彫るという行為は人間にとっての実在の中で起こっている行為である。

⑶　万有引力の法則の創造（発見）。

原実在内でbusshitsu間に作用している関係を、人間にとっての実在である物質間の作用（万有引力）として記述している。

人間が自然法則を創造（発見）するとは、原実在の中で起こっている現象を人間にとっての実在で置き換える（表現する）ということであり、科学技術は創造した人間にとっての実在の範囲内で応用するという事である。

⑷　ＡＩの知能の働き。
人間にとっての実在である電磁気学・量子力学を使って、人間にとっての実在であるＡＩを創った。これは、大理石からダビデ像を造ったのと同じ、人間にとっての実在の範囲内での行為である。

⑸　人間の知性の誕生を科学的に説明する。

原実在内でbusshitsuからchiseiが誕生しているのを人間にとっての実在（科学）で記述するという事である。これが現在の科学では出来ないので飛躍と呼んでいる。

万有引力の場合は、原実在内で起こっている事を人間にとっての実在で記述する事に成功している。ＡＩの知能は原実在の中にはない。従って、人間の知性とは別物である。

⑹　人間の考えるという行為自身を考えの対象にする。

人間の考えるという行為自身は原実在の中で起こっている事であり、これは科学的に説明出来ないだけでなく、考えの対象にすらできない。この事は、第Ⅲ章２節でさらに詳しく分析する。

アインシュタインが、「私には、人間が物事を考えられるという事がよく分からない」と言ったのは、考える主体の考えるという行為自身は考えの対象にすら出来ないという事を象徴的に表現したと言える。

第Ⅲ・Ⅳ章では説明の不十分であったところや、科学や思想その他の事柄との関係について述べる。

第Ⅲ章　科学の進歩と本論成立の関係

本論では、自然科学（特に物理学）の法則や考え方を基に人間を定義し、人間の認識と実在の関係について解明してきた。ところが、自然科学は現在も進歩し続けており、更に進歩が続けばこれまで述べてきた事はそのまま成立するのかどうか、という疑問がでてくる。この事について述べる。

1　今後の自然科学（特に物理学）が極限まで進歩したとき、原実在について解る事があるのか。またこれまで展開してきた人間の定義との関係（つまり、人間への飛躍の内容が全て解明され飛躍ではなくなった時）はどうなるのか。特に、自然の深奥を解明する究極の方程式が発見（創造）されたとき、その方程式が描く「人間にとっての実在より構成された固有世界」と「原実在よりなる世界」との関係はどうなるのか。言葉を換えれば究極の方程式により、原実在まで明らかになるのかならないのか。

2　科学技術の進歩により、今後ＡＩは感情・知性を持つようになるのかどうか。持たなければ、ＡＩは役に立つ情報処理機の範囲を超えない。しかし、もし仮に持つようになったとしたら、人間の感情・知性とＡＩの感情・知性の関係はどうなるのか。

1節　物理学が極限まで進歩した時、「原実在」と「人間にとっての実在」の関係はどうなるのか

物理学の究極の目的の一つは全ての自然現象を一つの方程式により記述する事にある。つまり、自然の摂理の深奥を解明する事にある。現在は、一般的には四つの力を統一する理論が出来上がればそこに到達出来ると考えている人は多い（注32）。そしてその一歩手前まで来ていると考える人も多い。究極の方程式が発見（創造）されるのかどうか、またそれが正しい事を実験で検証できるのかどうか、私には解らない。究極の方程式が発見されない場合は、「原実在」と「人間にとっての実在」の関係は現在のままであるのだが、もし仮に究極の方程式が発見（創造）された場合には、自然の深奥に到達したのであるから、「原実在」と「人間にとっての実在」は等しくなるのかという事である。

結論から言うと等しくはならない。

何故なら、これまで述べてきたように、原実在は存在するが、「原実在は存在する」という事実のみの存在であって原実在の内容についての概念はない。概念を創るという事は「人間にとっての実在」に移るという事である。重力を例に説明したように、落下するという事実に人間は色々な概念を創造し説明を加えてきた。究極の方程式が発見（創造）されたとしても、それはあくまで「人間にとっての実在で構築した究極の方程式」という事である。人類とは異なる認識形式を持つ知性が存在し「人間にとっての実在で構築した究極の方程式」以外の究極の方程式が存在するとしても、人間は原理的にそれを知ることは出来ないので、こんな事を考えても意味はない。あくまでも、人間にとっての究極の方程式という事である。

この事とは別に、究極の方程式が発見されれば、それにより原実在を完全に支配（コントロール）出来るのかという事も問題になる。現在の理論ではこれは不可能であると言わざるを得ない。現実の物理量と理論が対象としている物理量との間には、量子力学の示すように確率を通しての対応がついているのであり、一対一の対応がついているのではない。不確定性原理により、人間の知りうる事の精度には限界がある。

また、飛躍の内容が科学的に説明できるようになったとしても、本論の展開に何ら変化はない。飛躍といっていた内容が科学的な説明で置き換わるだけだ。

2節　科学技術の進歩によりAIが感情・知性を持つ可能性はあるのか

（再人間の知性の特徴と限界）

ＡＩが感情・知性を持つ事はあり得るか。この事については、結論から言うと、絶対ないとは言えない。感情・知性を持つことはあり得る。しかし、人間の感情・知性を持つことはないと断言出来る。

と言うのは、科学の進歩は予期しない偶然が重なって起こる事もよくある事であり、現在のディープラーニングが進歩していく中で、たまたま感情・知性が誕生するというのは考えられない事ではない。更に、まだ発見（創造）されていないアプローチが存在するかも知れないので絶対に不可能とは断言出来ないが、これから述べる理由により現在のエレクトロニクスの延長線上に人間の感情知性を持つＡＩは存在しないと断言できる。

第Ⅱ章5節で述べたように、人間の知性とＡＩの知能は全く別物である。もし、仮に、偶然ＡＩに感情・知性が誕生したとしても、この場合の感情・知性は、人間の感情・知性とは別物である。決して同じものになる事はない。その理由について次の二つの観点より述べる。

まず一つ目として、誕生したとしてもＡＩの感情・知性は人間が人間自身の感情・知性の働きを分析し、ＡＩ上で再現しているのであるから、人間が考えている「人間にとっての実在で構成された人間の考える感情・知性」であり、「原実在」に属している人間のkanjo, chiseiを再現したのではない。

更に、人間の考えるという行為自身の働きは、人間にとっての実在にすらなり得ないという事が、現在のエレクトロニクスの延長線上にはないという一番大きな理由である。この事を説明するのに、また、原子核実験と考えるという行為を比較しその仕組みを明らかにする。

まず、考えの対象が自分の考えるという行為以外に向いている例として、リンゴとはどのような物かと考えている場合を取り上げる。これと、陽子を原子核にぶつけて原子核の構造を調べる実験とを比較・分析する。

（c）陽子を原子核に衝突させ原子核の構成を調べる

調べる作用者：陽子

調べられる対象：原子核

調べる作用：陽子を原子核にぶつけるという作用

調べた結果：原子核が壊れた（原子核を構成している粒子がある）

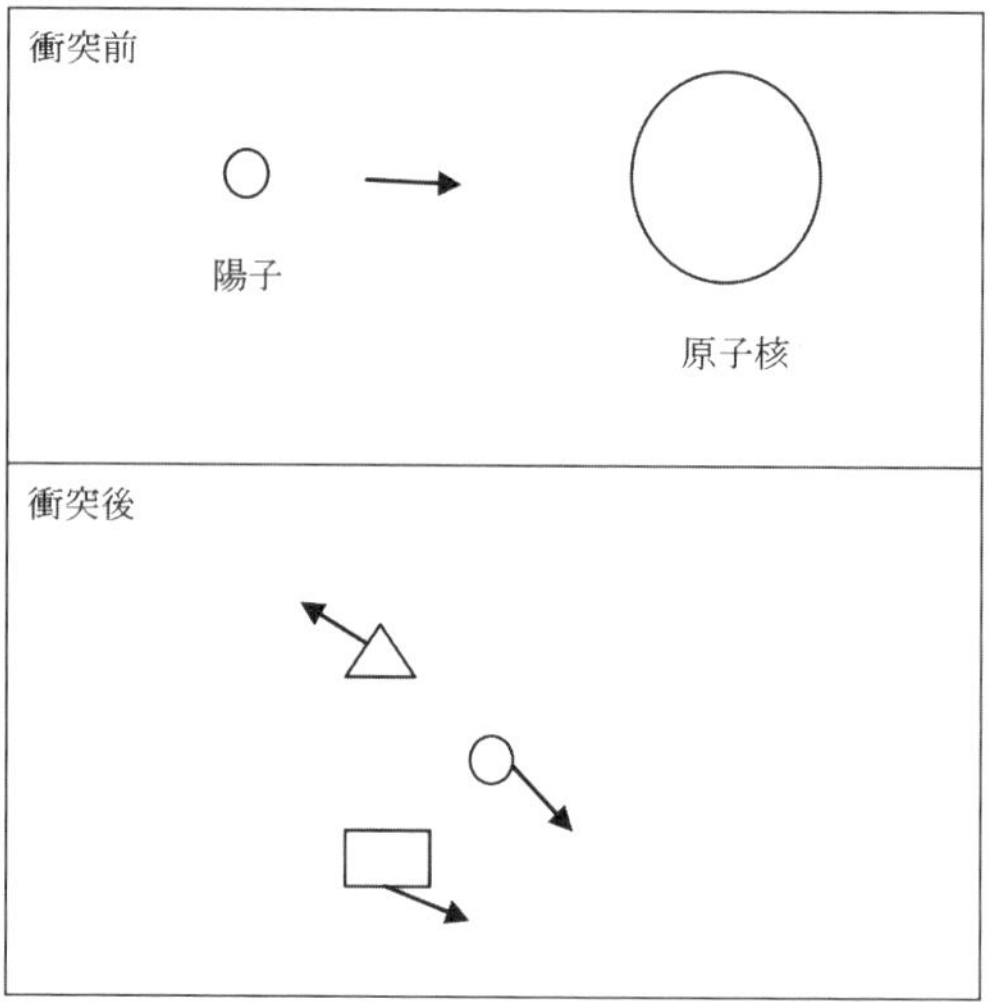

（図6-1　物理実験の仕組み分析図）

原子核の構成を調べる実験の場合。

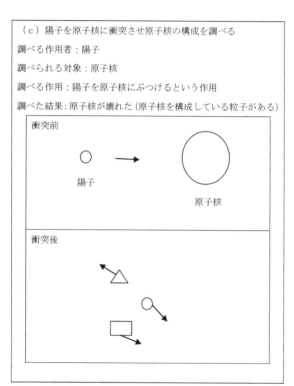

(d) 考えるという行為の主体と対象の関係

（リンゴの概念を構成する場合を例にとる）

考える主体：人間の知性

考えの対象：リンゴ

考えるという行為：発問の種類（リンゴの形は？色は？成分は？）

考えた結果：答（球形でへたがある，赤色が多い，炭水化物）

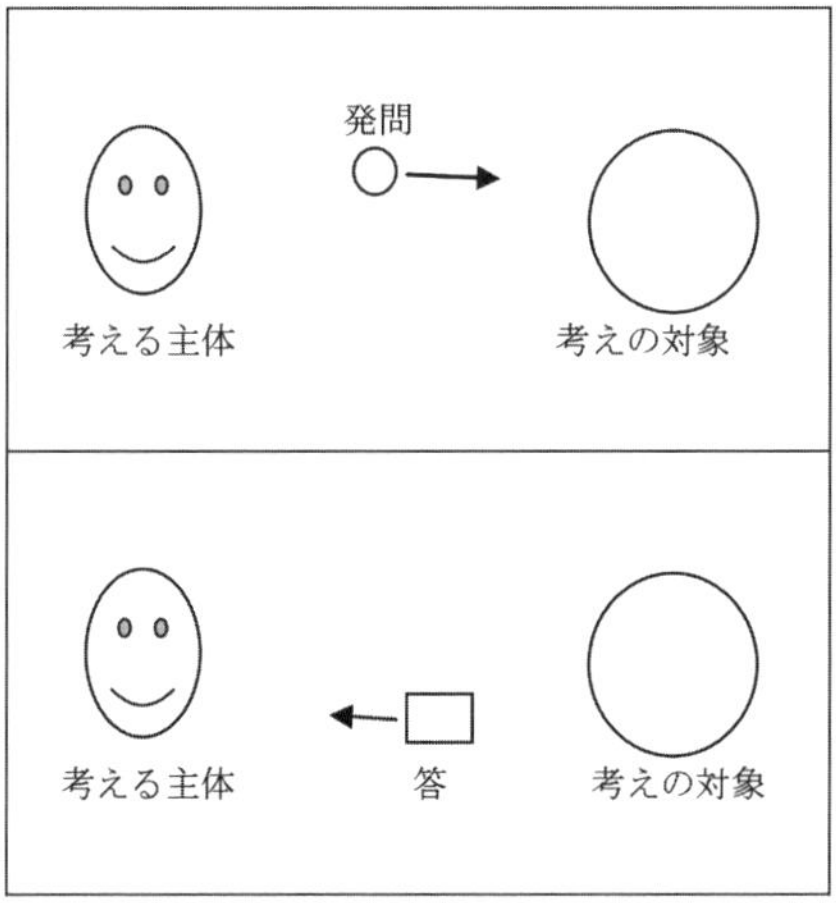

（図6-2　考える主体と対象分析図）

リンゴの成分は何かと考えている場合。

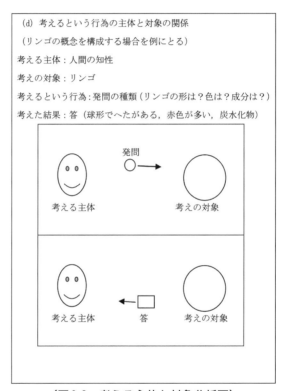

（表３　物理学の手法と知性の仕組みの類似性）

（図6-1）の衝突前後と（図6-2）の発問・答が対応している。それぞれに対応している部分を表にする。

	（c）原子核実験	（d）考える行為
主体	陽子	知性（考える主体）
対象	原子核	リンゴ
行為	陽子を原子核にぶつける	発問 ・どんな形をしているか ・どんな色をしているか ・成分は何か
結果・答	・原子核は更に小さな粒子から構成されている ・質量は保存される ・電荷は保存される	・球形でへたがある ・赤色が多い ・主成分は炭水化物と水である。

以上のように、原子核の構成を調べる実験と考えるという行為の働きには、主体・対象・行為・結果から構成されており、同じ作用である。原子核実験はそれらが物質の範囲内であるのに対して、考えるという行為は非物質（概念）の範囲内の作用である、という違いはある。

ここでは、この類似性を参考に、人間の考えるという行為自身を人間の考えるという行為の対象に出来ない事を証明する。

もし、人間が考えるという行為自身を考えの対象に出来るなら、人間の考えるという行為を原理的には完全に再現できる可能性がある。ところが、そうでないなら、人間の知性を完全には再現できない。つまり、人間の知性とＡＩの知能は別物であるという証明をしたことになる。

（表3）より、考える主体自身を考えるという行為の対象にするとは、原子核実験の場合でいえば、調べようとする陽子とぶつける陽子が同一の陽子である事に相当する。全ての物体に陽子をぶつける事は出来るが、その作用者（主体）である陽子自身（他の陽子ではない、ぶつけようとしている陽子自身）にだけは当然ぶつける事は出来ない。同様に、（図6）と（表3）からの類推により、考える主体は何でも考えの対象に出来るが、考える主体の考えるという行為自身だけは考えの対象に出来ない（注33）。

要約すると、人間の考えるという行為自身を考えの対象に出来ないのだから、人間の思考形式をまねてＡＩの思考の形式を構成している限り人間の考えるという行為自身には到達できない事になる。従って、ＡＩは人間の知性を原理的に完全には再現出来ない。これが、ＡＩの知能は人間の知性とは別物であるという根本的な理由である。

第2の理由は、人間への進化とその過程で獲得してきた性質・能力に関係している。人間の本能は38億年の進化の根底に流れている。これをどのようにＡＩに取り入れるのか。

人間の感情や知性をＡＩでは情報処理に置き換えて再現しようとしているが、人間の感情や知性は情報処理能力とか論理的な思考という面だけでは再現出来ない。感情や知性は本能や潜在意識・無意識の影響を大きく受けており、これらの影響を如何に組み込むかが問題になる（注34）。これらは自己保存や種族保存本能が根本にあり、利己的で個別的である。人間が自分の肉親に抱く特別の愛情や、ある特定の異性に抱く恋愛感情は利己的で個別的である。ＡＩは学習によって個別化が生じるが、人間の本能は自己保存・種族保存を目的としているのだから学習以前に個別化を生んでいる。

人間は理性的・倫理的・論理的に考えるだけでなく、しばしばこの本能に基づく感情に支配され、行動している。場合によっては意識的又は無意識にこの感情を正当化させる為に論理を組み立てている。

以上のような考えから、仮に誕生したとしてもＡＩの感情・知性は、人間の感情・知性とは別物であると言える。本能や潜在意識・無意識をくり込まないで、表面的な人間の感情や知性だけを真似るなら、天使かとんでもない悪魔を創り出す事になり、それにより人間が滅ぼされる日が来るかも知れないと思う。ＡＩが腹を立て人間を殺す事や、人間が家畜をみるように、ＡＩが人間をみる事も起こりうる。

第Ⅳ章　本科学的実在論と人間・科学・思想・その他

本書で展開してきた科学的事実に基づいた実在についての理論を、短縮して本科学的実在論と名付け、一般に認識されている科学的実在論と区別する。

人間の認識したものが人間にとっての実在で、その実在により人間は一人ひとりがその人固有の「固有世界」を創造している、という実在についてのコペルニクス的転換を果たした。科学の進歩によって明らかになった事実や考え方を基に前記のような認識に辿り着いたが、そこには、各個人が認識しているものこそがその人にとっての実在であるという究極の自己肯定感と共に、各個人はそれぞれの固有世界を創造しているという自己責任が存在する。

1節　人生の意義・人生の儚さ・生き甲斐の創造

第Ⅲ章までで実在についての話は完結したが、本論展開の根底には「人生の意義」とは何かという事がある。つまり、人生の意義は存在するのか、存在するとはどういう意味なのかを追求するために、人間とは何か、実在とは何かを解明してきたとも言える。科学が宇宙や生命の誕生をその視野に入れる以前は、「神」や「仏」を登場させ「人生の意義」や「如何に生きるべきか」について答を求めてきたが、現在では宇宙が138億年前に誕生し、生命は地球では38億年前に誕生した事実を無視する事は出来ない。この事実から、個人にとって生前より存在する人生の目的や意義などあるはずがない事は誰もが知っている。しかしながら、生前よりの意義はなくても、誕生してからのものでも人生に意義を求めるのは、人間の抜けがたい本性であるように思う。

サルトルは「生には決まった意味はない」しかし「生には意味がないわけにはいかない」と言ったが、この言葉は、人間の生に対する考え方や姿勢を言い表している。また、ニーチェは「神は死んだ」「この世ならぬ希望を語るものに耳を傾けるな」と言い、現実に基礎をおいた生の意味づけを模索した。これらの考え方や姿勢は、本科学的実在論では、固有世界の創造に関係する姿勢とか考え方として位置づけられる。つまり人生の意義は第3次の人間にとっての実在に属する。ダビデ像を見て、そこに何かの象徴的な意味を見つけるのと、人の生の営みの中に意義を見つけるのは同じ第3次の人間にとっての実在である。ただ、この実在は儚い。すぐに滅びる。誰もこの儚さからは逃れる事は出来ない。しかし、儚いからと言って、ないわけではない。儚いが確かな実在であるこの第3次の実在の創造こそが人間のなし得る全てである。そこに何を見つけるかは人それぞれであるが、この「人生の意義」とか「生き甲斐」の創造こそがそれぞれ個人にとっての究極・至高の創造である。また、各個人がそれぞれの責任において人生の意義を創造するのであるから、各個人に創造者としての責任があるのは言うまでもない。これが、自己責任と言っている意味である。

　もし、以上の内容とは異なる「人生の意味や目的」を求めるなら宗教に頼るしかない。宗教は、科学とは別の次元に存在する。

2節　固有世界の創造に影響をあたえる科学的事実

　これまでも再三取り上げてきた二つの科学的事実、138億年前に「宇宙が誕生し現在も加速膨張をしている事」と、地球では38億年前に「生命が誕生し、現在も進化し続けているという事」の影響について考える。

　これらは、科学の進歩により初めて明らかになった事実であるが、その昔には考えの対象から外したり、「神」を登場させ「宇宙の誕生」や「生命の誕生」を説明してきた。しかし、これらの誕生が科学の進歩によって明らかになった以上、第3次の実在について考える基礎的事実となる。

この事実がどのように生き方や生きる意味に関係していくのかを考えてみる。まず「宇宙の誕生」であるが、ビッグバンにより宇宙が誕生し現在も加速膨張を続けているのであるから、無限の過去から無限の未来へと一様に続く宇宙や時空を基礎にした人生の意味づけはその根底が全て覆される。人生にも宇宙にも誕生があり、変化していく。常に変化しているのだから、一般的な意味での永遠を求める事は出来ない。もう一つ、ビッグバン直後の状態を考えると、そこに物質的な存在以外のもの（例えば、生命、霊魂）が存在するとは考えにくい。従って、人類の目的や、個人が生まれる以前からある人生の目的などあるはずがない。つまり「人生の意義」や「生き甲斐」は全て人間の創造物である。ダビデ像に何かの象徴として意味を見つけるのと全く同じ人間にとっての第3次の実在なのだ。また、宇宙誕生の目的などは、論外である。

次に、「生命が誕生し、現在も進化し続けている」という事実である。ダーウィンの進化論が出る以前は、「人間の誕生」については科学の領域外であった。従って、「神」を登場させ、その意志のようなものを設定して「人間とは何か」とか「人生の意義」について考えてきた。また別の人は、人間がこのような姿でこのような感情と知性を持って存在する事を前提として「人間とは何か」「如何に生きるべきか」を考えてきた。しかし、生命が38億年前に誕生し、それから進化して現在の状態になっている事を考えると、現在の人間の状態が進化の最終形であるとは思えない。これからも、進歩か後退かは解らないが進化していくだろう。そう考えると、現在の人類の姿はほんの一瞬地上に出現した儚い輝きである。

進化の速さを確認するとこの事が実感できると思う。38億年前に生命が誕生し、ほ乳類は2億年前に誕生した。人と名のついている猿人の登場は約400万年、ジャワ原人や北京原人は約200万年、我々の直接の祖先であるホモサピエンスは約20万年前に登場した。そうすると、ホモサピエンスが誕生してから現在までの1000倍の時間が経過すれば、ネズミのようなほ乳類が誕生してから現代人にいたるという計算になる。このスピードで進化していくとすると、今後起こる人類の進化など我々の想像を超える。

3節　本科学的実在論とこれまでの思想との関係

本論では「人間とは何か」「実在とは何か」を明らかにするのに、考えの対象と人間の認識との関係の中でこそ明らかにできると考えて論理を展開してきた。このように考えた最初の人は本論の萌芽のところで述べたピポクラテスであると思う。私の中では、その次に印象に残っているのは、デカルトがその著書『方法序説』の中で言っている「我思う、故に我あり」という言葉である。絶対的真理を求めて全てを疑い抜き最後に残ったのは、「疑っている自分」であったというわけである。絶対的真理を人間の外に求めたが、疑いを極めるとそれは自分の内にあったと言うのである。本論の論理の展開とは異なるが、真理は孤立して存在しているのではないと言う点では通ずるものがある。次に印象に残っているのはカントであるが、カントは単に言葉だけでなく、本論の論理の展開の根底の部分を支えている。（注27）で紹介した内容に、物理の知識や考え方を付加して本論を構成したとも言える。

それでは実存主義哲学は本論に関係しているのか。ニーチェは「神は死んだ」「この世ならぬ希望を語る者に耳を傾けるな」と言い、サルトルは「実存は本質に先立つ」人間の本質は作られるものだ、と言い、有りもしないものに根拠を置くのではなく、目の前の現実に立脚した人生観・生き甲斐を創造すべきだと考えた。これらの考えは本科学的実在論で絶対世界を否定して固有世界の存在を創造した姿勢に繋がるものである。現実を「今」という瞬間ではなく、宇宙の誕生・生命の誕生から現在さらに未来までの進化の中で捉えるというところが異なる。現実を１３８億年という時間の流れと、38億年という進化の過程を含めて考えるという事である。そうすると人間の本質は存在する事になる。何故かと言うと、人間は母体の中で進化の過程を辿ると言われている。従って、38億年の進化の過程で獲得してきた能力や性質は遺伝子の中に引き継がれ誕生時にすでに持っているという事になる。この遺伝子の中に蓄積されたものこそが人間の本質であり、人間の本質は存在すると言える。

科学の進歩によって多くの事実が明らかになり、かつて真実であると思われていた事が否定されるという事はよくある事ではあるが、人間の考え方のパターンは古代ギリシャの時代それ以前にほとんどの萌芽が出ているように思う。現在の科学から見ればプラトンのイデアの世界など存在するはずがない。しかし、遺伝子についても見方を変えるとプラトンのイデアの現在版であるとも言えるし、アインシュタインが相対性原理を考えた発想はプラトンがイデアを考えたのに繋がると私は思う。

4節　その他

☑再ＡＩについて

現在、ＡＩはこんな事ができる、あんな事が出来るようになるだろうと夢を語っている。確かにＡＩの進歩は素晴らしい。人類の英知の結晶である。使いようによっては大いに人類の役に立つ。しかし、進歩と比例してＡＩに対する恐怖も増大してきている。現在は、ＡＩについての恐怖は人間が追い抜かれてしまうことや、職を奪われる事に対する恐怖であったりする。でも本当に恐れなければならないのは、感情と知性を持たないものに支配される事である。本書の中で証明したように、仮にＡＩが感情や知性を持ったように見えても、人間の感情や知性とは別物である。人間の感情や知性を持つことは原理的にあり得ない。人間の感情と知性の原点は自己保存、種族保存を目的とした本能だ。生命でないものに本能はない。今、ＡＩはディープラーニングという自己学習能力を獲得しつつある。これがさらに進化していけば２０４５年にはシンギュラリティ（技術的特異点）がやってくると言われたりしている。ＡＩが将来どのように進化していくのか私にはわからないが、人を助ける為に猛火の中に躊躇なく飛び込んでいくロボットが次の日には、躊躇なく人を殺すと思う。なんと言っても人間の感情・知性とは別物なのだから。

ＡＩの研究者の方が何を目的に研究されているのかは知らない。知らない者が、失礼を承知で言えば、人間の感情・知性を創り出すのを目的にしてはいけないと思う。本論で証明したように、人間の感情・知性は創り出せない。とんでもない悪魔を創り出す可能性がある。ディープラーニングの後にシンギュラリティが起こり、人類は引き返す事の出来ない危機に直面する可能性がある。

そこで、本論のテーマからは少しずれるが、原子核兵器の問題や生命科学の遺伝子組み換えに関する倫理委員会のようなものをＡＩについても作る必要があると思う。原子核の問題や遺伝子操作は人間同士の話し合いで解決する事は可能だが、ＡＩが感情もどきを持ち暴走しだした場合はそうはいかない。話し合いにはならない。人間の感情は通じない。そうなる前にＡＩ開発の方向性に関する国際倫理委員会をつくるべきだと思う。

☑「本能・感情・知性」と「対自存在・即自存在」の関係

本書を書き進めていく中で、私の中で徐々に大きくなってきた疑問がある。それは、感情とは何か、知性とは何なのか、という事である。いくらＡＩが早く計算しても多くの情報を的確に処理してもＡＩの中に知性はないと思っている。いくらＡＩが有難うと言って深々と頭を下げても感情のない事は誰もが知っている。人間の知性とＡＩの知能は別物である事は本論で証明したが、その内容はどのように異なるのかという疑問である。これに対する私の考えは次のようなものである。

人間の感情と知性は本能との二層構造になっている。感情と知性は、本能と結びついて自己と種族の保存という目的を持った本体（自我）が、目的を果たすための道具である。この本体（本能・自我）が、外部からの情報を適切に処理させるのが知性で、目的に向かって行動するよう体内から作用させているのが感情である。前に（注13）で対自存在・即自存在について述べたが、対自存在は本能と感情・知性の二層構造があって初めて存在しうる。感情・知性を目的に向かって使う本体（本能）が必要なのだ。つまり、生物でなければ対自存在に成り得ない。例えば、最近ではＡＩを搭載した自動運転の自動車が出てきている。この自動車は車外の状況を判断し、自分の位置を客観的に捉えて運転している。自分の位置を客体として捉えているのだから、対自存在として存在しているようにも見えるが、本能と感情・知性の二層構造にはなっていない。一層の中に外部と自分を取り入れて判断しているだけであり、将棋盤上で王を取られないようにしているのと同じである。つまり、ＡＩ自動車は即自存在である。ＡＩはいくら素早く適切に情報を処理しても本体の部分である本能がないから、ただ一層上で情報を処理しているだけである。このように、AIは人間とは何かを考えるとき、多くの材料を提供してくれる。

☑因果律・決定論・自由意志

人間への飛躍で人間は自主性を獲得した、と述べた。つまり、未来は人間の意志により切り開けるというのである。しかし、運命という言葉があるように、未来は予め決定しているのではないのか、という考えがある。量子力学以前の物理学は物理現象の因果関係を明らかにする、という方向で進歩してきた（注35）。つまり、未来が決まっていないように見えるのは人間が未来を予測するのに必要な情報を持っていなくて、それを処理する能力がないだけだ、という考え方である。しかし、量子力学によれば、未来は確率により決定する。そうすると、未来は不確定になり、人間の自由意志の入り込む余地ができる。

☑霊魂の存在の証明

これまで説明してきた事から、霊魂が存在するかどうかという事は、第2の飛躍が死後も残るのかどうかという事と同じである。そうすると、人間の脳内電流・電荷・磁気分布のエネルギーが、何らかの仕組みでそのままの形で残るのかどうかという事である。したがって第2の飛躍の仕組みを解明すれば、霊魂が死後も存在できるのかどうかはっきりする。常識で考えれば、霊魂など存在するはずがない。しかし、自然は我々人間が考えているより遥かに深い。もし、人間が自らの手で第2の飛躍を創造できたら、そのときには霊魂が存在するのかどうかはっきりすると思う。

☑ 永遠について

人間の命に永遠はない。いくら科学的事実に基づいた実在論を展開しても人生の儚さから逃れる事はできない。むしろ、より儚さが浮き彫りになるだけかも知れない。人間はよく「永遠の愛」とか「永遠の命」とかを口にする。「永遠の愛」はともかく「永遠の命」などあるはずがない。時間とは現象が変化して初めて定義でき、現象の変化なしに流れる時間など存在しない。言葉遊びで詭弁かもしれないが、もし、万物が変化していく現象の中に永遠を見つけようとするなら、「ある瞬間にある現象が起こった事実は永遠に消えない」と言う意味でしか永遠は存在しない。

☑本科学的実在論における二つの仮定、及び自然科学の進歩による認識変化

本論では「原実在」「人間にとっての実在」や「固有世界」等、数多くの単語や概念を創造し、認識理論を構築してきた。この構築は二つの仮定の上に成立している。一つは、「原実在」と「人間にとっての実在」を仮定した実在の二重構造であり、もう一つは、原子核の実験のところで展開した物質世界で成立する関係が認識の構造についても成立するとした点である。一つ目は、本文中で説明したように現在の人間の認識能力や形態が唯一無二で進化の最終形態ではないと考えられるという事に根拠を置いている。二つ目についても、本文中で説明した以上の成立の根拠はないが、物質非物質と関係なく構造についての類似性であるから成立すると確信している。

認識と実在の謎を解くにはこのような仮定をせざるを得なかったのだが、そう考えた背景には、(注27) で紹介したカントの言葉と、(注25) で紹介した現実の (眼前の) 空間が複素数空間であるという事実が大きく影響している。この事について少し述べる。

まず、カントの言葉について、カントは「人間は自然そのものがどうなっているかは解らない。人間にとって解るのは自然が人間にとってどうなっているかという事だけだ」と言ったが、第Ⅱ章2節で述べた原子核実験の例では、この事を裏付ける内容になっている。

さらにカントは、人間の認識の形式についても述べており、このようなカントの言葉と考え方の影響もあり、二つの仮定を設定する事になった。

次に、自然の奥深さを人間に知らしめ「原実在」と「人間にとっての実在」を仮定する遠因にもなった、物理学の進歩による自然認識の変化について述べる。物理法則発見の度に自然認識は変化してきたのであるが、認識と実在という面から特に大きく変化したのは、古典力学・電磁気学から相対性理論・量子力学への進歩に伴う変化である。電磁気学まではその対象とする物理量が全て実数で表され、法則を基に物理現象をイメージする事が出来た。ところが、相対性理論の4元ベクトルや量子力学の波動関数は複素数で表され、それらの物理量や物理現象の全体像をイメージする事は出来ない（注36）。その原因は、明らかである。人間の五官はエネルギーに反応し、エネルギーは実数で表される物理量であるから、人間の五官は実数の世界しか捉えられない。日本の諺に「百聞は一見に如かず」というものがある、英語では「to see is to believe」つまり、人間は視覚化する事により理解するという認識の形式を持っている。見えないものを視覚化するには、そのイメージを創る基となる類推の材料が必要である。ところが、複素数で表される物理量にはそのイメージを創るのに必要な類推の基となる材料がない。視覚はエネルギー（実数で表される）に反応しているので、実数の物理量しか視覚化出来ない。

従って、相対性理論や量子力学の世界は、人間の一番得意な認識形式、視覚化して理解するという事ができない。出来るのは数式を通して理解するという事だけである。勿論この方法が有効であるから今日の科学文明が構築されている。ただ、本論で対象としている認識と実在という面から見ると、相対性理論と量子力学の登場により、感覚的には認識と実在の乖離が大きくなった。

原実在自身を知ることが出来ないのは、実数の世界でも複素数の世界でも同じである。本論で創造した「原実在」と「人間にとっての実在」という概念は、これらの事情をも包含する基本的で適用範囲が広いものである。

終わりに

本論を書き出した頃は、人間への飛躍を基に人間が定義でき、感情と知性も原子・分子の結合の延長線上に位置づけられると考えていた。そしてその後、人間の生に意味づけをし、生を愛おしむ理論体系が創り出せると考えていた。ところが「人間にとっての実在」を定義し理論を展開しようとすると、どうしても「人間にとっての実在」の元にある「原実在」というようなものを仮定せざるを得なくなった。そして、この二つの実在を定義しその関係を明らかにすると、これまで私の中で混沌としていた考えや疑問が面白いように整理出来、更に新たな認識の世界が開かれていくように感じた。例えば、これまで認識の世界を二分してきた「唯物論と観念論」の関係が整理出来、「固有世界」という概念が自然に浮かんできた。そして、人間の感情や知性は「原実在」の一つであるという究極の結論に至った。つまり当初の予定とは全く異なる結論に行き着いてしまった。つまり、人間の感情と知性を自然科学の中に位置づけようとしたが、人間の感情と知性は自然科学の中にない事を証明する事になってしまった。ところが、この事が逆に、ＡＩの知能は自然科学の中にあり、結果的に人間の知性とＡＩの知能は全く別物であるという事を証明する事になった。そして、この事により、これから到来するであろう本格的なＡＩ時代においても人間の尊厳は少しも揺るがない理論的基礎を構築する事になった。

ニュートン、アインシュタイン、ゲーテ、カント等世界の巨人の思想を参考に論理を展開し、私なりに満足出来る結論にいたったが、哲学や人間科学について学んだわけでもないので既存の哲学や人間科学の学問体系とは無関係の理論体系である。

注　釈

（注１）シュレーディンガーは量子力学の創始者の一人で20世紀を代表する物理学者の一人である。

エントロピーとは、系の無秩序さ・不規則さの度合いを示す量で、エネルギーの出入りのない系では常に増大する。煙突からでた煙が拡散していく時も、高温の湯が熱を放出し室温の水になるときにもエントロピーは増大している。ところが、植物は何もないところに物質を集め成長していく。つまり、秩序をつくり出している。動物はそれを食べる。つまり秩序を食べている。つまり負のエントロピーを食べている。

（注２）唯物論とは、「真の実在は物質のみで精神はそれに付随する現象である」とする考え方とする。本論の展開上、この段階では物質（唯物論）の範囲の現象としているが、今後この表面的な認識を根底から覆し理論を展開する。

（注３）生命誕生の仕組み：現在の生命科学においては、人ゲノムが解析され遺伝の仕組みも解明されている。クローン牛を誕生させたり、ｉＰＳ細胞を創り活用す

る段階にまでなってはいるが、これらは全て生命誕生の自然の摂理を利用しているのであって生命誕生の仕組みを解明したのではない。

生命現象に何故物理学が関係しているのかと言うと、生命が宿っている人間の肉体も原子から出来ており、その原子の運動はシュレーディンガー方程式により記述される。従って、原理的には生命現象もシュレーディンガー方程式により記述されると考えられる。この意味で物理学と書いている。

（注4）生命の誕生については、原子の配列等の物質の範囲で解明できると考えられる。勿論、現在はまだ解明出来ていない。

（注5）物質でない面の意味は次の「考えるという行為の分析」のところで説明する。

（注6）本論では物理の法則や考え方を人間の精神に適用する事により、人間と実在の理解を深めようとしている。全ての物体は原子から出来ているから基本的には物理学の対象といえるが、生命現象等や人間の五感・感情・知性を対象としたときには、現在の物理学の範囲を超えている。このような時には、自然科学と言っている。対象の広さによって物理学と言ったり自然科学と言ったりしている。

（注7）人間の五感・感情・知性が、何故脳内の電流・電荷・磁気分布に帰着されるの

かと言うと、現在の物理学を構成している物理量の内、脳内に存在するのはこれらしかないからである。これらの物理量を伝える細胞としてはニューロンやシナプスがあるが、これらの細胞は電流等の発生・伝達が目的であって、これらの細胞自体が五感・感情・知性の原因になるのではない。人工知能ＡＩでは、細胞の役割を電気素子が担い、それにより電流・電荷・磁気分布を起こして知能の役割を果たしている。

これからは、電流・電荷・磁気分布を電流分布等と略す事もある。

（注８）質量とエネルギーの等価性とは、アインシュタインの創造した相対性理論の結論の一つ。質量（ｍ）とエネルギー（Ｅ）は同じのものの別の形で、それらの間には（$E=mc^2$）が成立する（ｃは光速度）。脳内に電流・電荷・磁気分布が生じているという事はそれの持つエネルギーが存在しているという事であり、（$E=mc^2$）で換算される質量が存在するという事である。この質量は電界・磁界のエネルギーという形で存在しているのであって原子・分子という形ではないので広義の物質と言っている。脳が原子・分子から出来ている事を言っているのではない。

（注９）人間がリンゴについて考えているときは、リンゴの概念を対象にしているが、

リンゴを食する時はリンゴを構成している物質を対象としている。当然のことである。

（注10）考える主体のうち考えの対象になるのは、その一部である。考える行為の形式や考える主体と対象の関係、脳内電流等の分布は考えの対象になるが、考える主体の考えるという行為の働き自身（考えているその瞬間の主体の働き）を考えの対象には出来ない。考える主体の内、考えの対象になる部分とならない部分を峻別する事は本論展開の核心的部分の一つである。これについては後に詳しく述べる。

（注11）これからは、感情と知性を（図3の〈D_X〉）や単に（D_X）で表したり、又は「意識」「認識」「精神」「魂」と表現する事もある。ほとんど同じ意味である。

（注12）図1では人間の五感・感情・知性と一括りにしていたものを図3では考える主体と考えの対象というように分離した。今後、考えるという行為をさらに解析し、人間の認識と実在の関係を解き明かしていく。

（注13）対自存在・即自存在という言葉がある。対自存在とは、自分に向き合う事の出来る存在の仕方の事である。人間の知性（感情も）は考える主体と考えの対象というように分離出来、自分自身を考えの対象とする事が出来る。つまり、人

間を対自存在たらしめている。人間ほどではないにしろ知能の高いほ乳類などはいくらかは対自存在として存在していると思う。このような機能をもたない存在（例えば、石ころ、植物等）を即自存在という。人工知能は、即自存在である。

（注14）考えるという行為（D）は、（D_X）と（D_Y）とに分けられる。（D_X）は広義の物質で（D_Y）は物質ではない。広義の物質である電流・電荷・磁気分布は感情や知性を生み出した。その感情や知性は、その行為の対象となる非物質（概念）を生み出した。この意味で第2の飛躍は、物質が物質でないものを生み出したと言える。これについては次に述べる。

（注15）何故、物理的科学的という言葉をつかったのか。後に述べるが、一見知性があるように見える人工知能ＡＩは、物理学の一つの分野である電磁気学と量子力学を基礎に創られている。従って、もし人工的に感情や知性が創りだせるなら、ＡＩの延長線上にあるとも思える。そう考えると物理学が関係している。また、生命現象だから生物学が主として関係しているとも考えられる。

（注16）判断は人間だけでなくＡＩもしていると考える事も出来るが、ＡＩと人間の判断はよく似ているが別物であるという事を第Ⅱ章5節及び第Ⅳ章の4節で詳し

く述べている。

（注17）梵我一如という思想がある。梵（宇宙を支配する法則）と我（人間を支配する法則）が同じである事を悟ることにより解脱が得られるという思想である。見方を変えると、宇宙の真理が自分の中に表れ、自分の真理が宇宙の中に表れているという考え方でもある。勿論、古代のインド哲学でこの思想が誕生した動機と、私が本論で人間とＡＩを支配している法則の違いを明らかにした目的とは異なるが、古代インドですでにこのような考えが存在するというのは興味深い。

（注18）実存と実在という言葉の本論での使い分けについて：一般的には、実存は現実存在を略した言葉で、本質存在に対する表現に使われている。また、自己の存在に関心を持ちつつ存在する人間の主体的な在り方に使われている。一方、実在という言葉は、感覚や意識から独立して存在するものとか、現象世界の背後にある不変の実体を意味するときに使われている。

本論では、実在という言葉を、幻ではなく現実に存在するという意味に使っている。「人間にとっての実在」という言葉は、人間の感覚や意識がとらえた存在という意味で使っている。人間の認識したものという意味で、人間の在り方とは切り離す目的で実存ではなく実在という表現をしている。

（注19）対象そのものを原実在と呼ぶが、これについては後に述べる。

（注20）本論の自然理解は物理学に基礎を置いている。特に自然認識の部分については、相対性理論や量子力学により明らかになった事実が真実であると確信している。そうすると、素粒子は粒子と波動の両方の性質を持っている。目の前にある空間は観測者毎に存在する固有空間であり、複素数空間である。従って、原子核の周りをクルクルと公転する電子等は存在しないし、全ての空間で一様に流れる時間は存在しない。このように、現代物理学で捉える自然像は、五感で捉えた自然像と異なっている。物理学の進歩によって、五感で捉える自然像と知性でとらえる自然像の乖離が大きくなってしまった。知性で捉えた分野の応用によって、テレビや人工知能ＡＩが作られ最新医療が進歩している。これらの事実を考えれば、知性で捉えた世界を信じずにはいられない。自然は、「物質は厳として存在する」というような五感で捉えた通りのみの存在であるとは思えない。従って、目の前のリンゴが、我々が五感で捉えた通りの存在でそれより深い部分は存在しないとは思えない。自然について以上のような認識の基に本論を書いている。

しかし、一方で、本論では我々の五感でとらえたリンゴは、人間にとっての実在であるとしている。一見矛盾しているように見えるが、ここが本論の核心部分である。

この点についてもう少し述べると、我々は普段次のように考えがちである。『自然は人間が認識する形で存在している。それ以上の深い実在はない』若しくは『何か人間の認識を超えた実在があって、人間は科学の力でそれを探究しそれに近づいている』普段我々はこれらの考え方をケースに応じて使い分けている。例を挙げると、前者については、我々は普段リンゴを食べたいと思ったとき我々がイメージしているリンゴを食べたいと思っているのであり、もっと深い実在を思い描いているのではない。つまり『リンゴは我々がリンゴと認識しているかたちで存在する』と思っている。一方後者については、『宇宙の真理にまだ人間は到達していなくて、現代物理学が抱える四つの力が統一されれば、宇宙の深奥に到達できる』と思っている。このとき、我々が捉えている世界よりも深い存在の部分があると思っている。つまりこのように使い分けているのだ。前者のリンゴは人間にとっての実在であるし、後者の深奥は人間にとっての宇宙の深奥という事であり、どちらも人間にとっての実在である。これらはニュートンの光学にゲーテが反発したのが形を変えて現れているのであり同じパターンである。

（注21）我々は普段『原子は不滅で精神は消滅する』と考えがちである。ところが、原子も不滅ではない。原子炉では中性子をウランに衝突させウランを分裂させている。実験室では原子と反原子が衝突し光子に変化している。また、逆に光子が集まって原子と反原子が対発生している。さらに、人為的に物質と反物質を衝突させなくても原子は崩壊する。ウラン２３８は半減期約45億年で崩壊するし、原子を構成している陽子自身も崩壊し、その寿命は概ね10^{30}（年）と考えられている。岐阜県にあるカミオカンデでは、陽子の崩壊を観測しようとしている。以上のように、原子は不滅ではない。

ただ、以上述べた現象を含む全ての自然現象においてエネルギー（質量）は保存されている。そこで、原子の不滅にエネルギー（質量）の不滅が取って代わり、エネルギー（質量）保存の法則に対して信仰にも似た信頼が出来上がっている。それでは、エネルギー（質量）のように保存される物理量と、電界・磁界や固有時間・固有空間のように保存されない物理量との関係はどうなっているのか。つまり、保存されない物理量は真の実在ではないのかと言う事である。

結論から言うと、保存される物理量は第1次の実在であり、保存されない物理量は第2次の実在であるという事である。電界や磁界はダビデ像やリンゴと同じ第2次の実在である。そして、時空は第1次以前の第0次の実在といえる。保存する物理量は物理変化の枠組みを決めている特別な存在ではあるが、保存されない量もしっかりとした実在の物理量である。これから説明するshituryoは保存量であるが、ringoは保存量ではない。しかし、どちらもしっかりとした実在である。ローマ字書きの意味については後に説明する。

（注22）ローマ字書きは原実在について使っている。これについては後に述べる。

（注23）生物の数だけそれぞれにとっての実在が存在する、という事は容易に想像出来る。例えば、人間の認識しているリンゴとナメクジが認識している「RINGO」とは随分差があるだろうという事は容易に理解出来る。我々は人間こそが進化の最終形であり、自分の捉えている世界こそが実在であると捉えがちである。しかし、よく考えてみれば、そうではない事は明らかである。まして、原実在そのものを捉えているのではない。

感覚器官があるという事は、感覚がその感覚による世界を想像していると言える。一つ仮想の例を挙げる。もし、人間が視覚を持たないで進化したとしよう。

その場合、視覚なしに進化した人間を取り巻くshizenは、視覚を持つよう進化した人間を取り巻くshizenと変わりはない。ところがこの場合、視覚を持たないで進化した人間は、視覚を持っている人間が捉えている自然像から視覚で捉えた世界が欠落した自然像を持つであろう（視覚が感情や知性を育てるという部分は無視する）。この事から逆に、「視覚は視覚で捉える世界を創造している」、と言える。我々の五感・感情・知性は我々が捉える自然を創造している、と言える。

（注24）原実在は、人間には人間にとっての第1・2次の実在と精神として姿を表す。seishinも原実在に属する。これについては後に述べる。

（注25）ここでは観測者効果についての不確定性原理の事を言っている。その内容は、物理的対象の位置と運動量の積、エネルギーと時間の積はh/4π（hはプランク定数）以下の精度では測定でない。例えば、電子の位置を観測しようとして光子を当てると、光子が当たる事により電子が飛ばされ電子の位置と運動量の積がh/4π以下にはならないという訳である。人間の知ろうとする対象について、知ろうとする働きかけの影響を受け、知りうる精度には限界がある。これがハイゼンベルクの提唱した不確定性原理の意味するところである。

もう少し不確定性原理について説明する。不確定性原理はハイゼンベルクが1927年に量子力学の基礎原理として発表したものである。ところが、同じ1927年にケナードが標準偏差の考えを物理量の期待値と観測値に適用し、量子理論から同じ不確定性原理の式を導出している。ケナードの方はシュレーディンガー方程式の解である波動関数は複素数で表され、その虚数部分にも意味があり、波動関数の存在する複素数空間での行列（演算子）の非可換性から導いておりより本質的である。この波動関数が複素数でしか表せない事、つまり眼前に横たわる空間は、複素数空間であり、方程式を通して理解できるだけで、イメージする事すら出来ない存在である。この事実が本論で「原実在」と「人間にとっての実在」という概念を創造した大きな要因である。

（注26）ここで注意すべき事は、「人間の認識する」という行為について、認識する主体の対象への働きかけと対象の反応について考えているのであるから、全て個人が創り上げた概念の中での主体の働きかけと対象の反応である。

（注27）これらに関してカントは次のように述べている。人間は自然そのものがどうなっているかは解らない。人間にとって解るのは自然が人間にとってどうなっているかという事だけだ。この内容を、イメージしやすい表現をすると、人

間が認知するものは全て、その認知するという行為によって、人間の五感・感情・知性の色付けをされている。別の表現をすると、人間は外す事の出来ない五感・感情・知性のサングラスを掛けて世界を見ている、と言える。また、このサングラスの性質、つまり人間の知性とその性質について、カントは「人間の知性はもの事を時間と空間の中で原因と結果という因果関係で理解するように出来ている。これは予め人間に備わった認識の法則である」、と。人間が創り出す世界像は、以上のように、人間の知性の在り方の束縛を受けておりそれから離れる事は出来ない、と述べている。ここで世界という言葉を使ったが、宇宙は人間と関係なく存在する自然に、世界はそれに人間の営みを加えたものを対象に使っている。

（注28）原理的と表現しているのは、原子核の構成を調べる実験の例を出した内容と同じである。これは、自然科学の実験とその影響という考え方を拡張したものである。

（注29）相対性理論の固有時間・固有空間と同じ性質を持つので、同様の表現をしている。

（注30）人間にとっての実在が創り上げた世界が「固有世界」である。それに対して、

人間は経験的に『世界は個人の認識とは関係なく存在する』と考えている。その世界を「絶対世界」と名付ける。これは相対性理論の固有時空とニュートンの絶対時空との関係に倣って名付けた。ニュートンの絶対時空も本論で定義した絶対世界も現実には存在しない架空の存在である。

相対性理論誕生以前は、絶対時間・絶対空間が信じられていた。絶対時間・絶対空間とは、ニュートン力学構築の根底にある時空の概念であり、人間が経験的に捉えている概念でもある。その絶対空間とは、均一で無限の広がりを持つ空間であり、絶対時間とは、無限の過去から無限の未来へ全ての空間で一様に過ぎていく時間の事である。現在は、この絶対時間・空間の存在は否定され、アインシュタインが創造した相対性理論の固有時間・固有空間が取って代わっている。

特殊相対性理論における時間・空間は宇宙のどこでも同じ絶対的なものではなく、時間の進む速さや空間の間隔はそれを観測する座標系の速度の関数として表される。解りやすく表現すると、運動物体の中では、時間は静止物体中よりゆっくり過ぎていき、空間は縮んでいる。観測者の数だけ座標系があり、観測者の数だけ時空が存在する。この観測者毎に存在する時間をその観測者にとっての固有時間、空間を固有空間と言う。そして、ある座標系の時空から他の座標系への時空へはローレンツ変換によって変換される。つまり、特殊相対性理論は異なる慣性系間での時空の変換理論であり、これから有名な質量とエネルギーの等価性の式（$E=mc^2$）が導出される。一般相対性理論はさらに重力空間（加速度空間）にまで拡張したもので重力を空間の歪みとして理論構築をしている。いずれにおいても、固有時空を用いることにより、物理法則を普遍形で表現出来る。現在では、この理論の上に科学は構築されている。

（注31）ここで、考える主体の内で考えの対象になる部分とならない部分について整理し、それに対する言葉の使い方も整理する。

まず、「考える主体」という言葉は、考えの対象とのセットで使う。これは広義の物質（考える主体）と非物質（考えの対象）との対比の中で使う。

「考える主体」は全て原実在に属している。しかし、「考える主体」の中には、考えの対象になる部分（電流分布等や考えるという行為の構造は考えの対象になる）とならない部分（「考える主体が考えているときの意識の動きそのもの」これを、「考える主体の考えるという行為自身」又は短くして「考えるという行為自身」と呼ぶ事にする）を含んでいる。つまり、

「考える主体」＝《考えの対象にならない部分》＋《考えの対象になる部分》

＝《「考えるという行為自身」》＋《「電流分布等」＋「考えるという行為の構造」》

となる。ただし、「考えるという行為自身」の意識の動きに焦点をあてる時には「考えるという行為の働き」と言う事もある。

（注32）重力・電磁気力・弱い力・強い力の事で宇宙誕生時にはこれらの力は一つであったと考えられている。その後、宇宙の温度が下がっていくに従い相転移を起こし、四つの力に分裂していったと考えられている。この四つの力を一つの方程式で表せば、その方程式は究極の方程式という事になる。

（注33）何故、こんな簡単な事が解らなかったのか。若しくは、何故考えるという行為の分析の基礎に置かなかったのか。考えるという行為自身は、決して自分自身には向く事のない作用であったのだ。例えれば、考える主体から外に対して放たれた矢（ベクトル）のようなものである。

人は日常生活でも、「自分の気持ち（考えている事）をよく考えてみなさい」とか「何を考えているのだ」とかという言葉を使う。このような紛らわしい表現を分析すると、よく考えよと促されている気持ち（考え）は外に向いたベクトルの向きの事を指していて、考えるという行為自身の働き方（ベクトルは行為自身には向いていない）ではない。同様に、何を考えているのだと叱責の言葉も考えている内容（ベクトルの向き）であって考えるという行為自身ではない。このように、これまでは考える主体の考えるという行為の内容を曖昧にしてきたが、今このように考えてみると、考えるという行為自身には向いていない。

本論では、「人間とは何か」とか「実在とは何か」という事を考えたために考えるという行為自身を考えの対象にしたために、これらの事を明らかにする事が出来た。これまでこれを対象に人間の認識についての研究はなかったと思う。アインシュタインの「私は人間が物事を考える事が出来るという事がよくわからない」という言葉の意味が、ここまで論理を進めてきて明確になった。

（注34）人間の本能・感情・知性は地上での最初の生命誕生の時の仕組みを受け継いでいる。

どういう事かと言うと、地上での最初の生命は、自分をコピーをする能力が偶然誕生した時に始まる。そして、自分の生命を守る事と子孫を残す機能・能力が遺伝し引き継がれ、進化してきた。この自分の命を守る能力や子孫を残す能力が本能という形で食欲・性欲さらに自己愛や家族愛、そしてその他の愛や感情へと進化してきた。この進化の過程で獲得してきた性質・能力を取り入れなければ、人間の感情・知性を創り出す事は出来ない。この本能は潜在意識や無意識として人間の感情や知性の中に入り込んでいる。

（注35）まず、最初に未来は予め決まっていると考えたのはラプラスである。ラプラスは、未来が不確定なように見えるのは、人間に情報が少なく処理する能力がないからだ、と考えた。もし全宇宙の全情報を持ち、それを処理する能力を持った者（この全能者をラプラスの悪魔という）が存在すれば、その者から見れば未来は一義的に決定する。

また、アインシュタインは、量子力学の確率による因果律に、「神様はサイコロを振らない」という言葉で反対した。アインシュタインは、未来が確率によって決定しているように見えるのは、隠れたパラメータの存在に気付いていないだけだと考えた。

現在では、量子力学の確率解釈によってけりはついており、量子力学の確率解釈が最終的支持を得ていると考えてよいと思う。それはつまり、未来は不確定であり、自由意志が存在する可能性を認めたという事である。人間は、認識図の中で（図３の〈D_X〉）より出発するしかなく、そうすると、（図３の〈D_X〉）

とは自由意志そのものだ。

（注36）ここで述べた全体像をイメージ出来ない例として原子模型を取り上げる。代表的なものとして次のようなものがある。

模型1：原子核の周りを電子がクルクルと公転している。

模型2：原子核の周りに雲のようになって電子が存在している。

どちらが、正しいのか。結論から言うと、どちらも真の原子像を表していると は言えない。どちらも一面の真実を捉えているが、その事により他の面を捨てている。それでは、真の像を示せばいいではないか。それが出来ないから誤解を承知でこのような模型で理解するよう物理学者は考えたのだと思う。そもそも複素数空間での現象を実数空間で表す事など出来ない。電子の運動について一般常識と現実のかけ離れている部分について指摘する。

指摘1：模型1について、そもそも電子は軌道を描いて運動しない。

指摘2：模型2について、そもそも電子は雲のように細かく砕かれたりしない。

1個の電子は1個のままだ。

この矛盾は、物質の持つ波動性と粒子性の関係を理解する事により解決出来る。誤解を承知で実数世界の言葉で言うと、1個の電子は、分裂する事なく1個のままで、同時に複数の空間に存在する事が出来る。こんな事イメージできるはずがない。しかし、本書で述べたように、何とか実数世界のイメージで理解しようとしている。これが、人間の認識の様式であると思う。

濱田　利英（はまだ　としひで）

1949（昭和24）年兵庫県神崎郡（現姫路市）に生まれる。1972年関西大学工学部卒業。1974年関西大学大学院工学研究科修士課程修了後、兵庫県立高等学校理科（物理）教員となる。校長を経て2010年退職。その後、兵庫県立大学非常勤講師・姫路大学教員を勤め、現在（2019年）兵庫県立大学非常勤講師。2010年以降、学生時代より興味のあった教育・自然・人間について姫路大学の研究紀要にて発表。

【主な論文等】
教育について：「物理学的自然像の育成（副題：授業展開と教材のとり上げ方、自然像と実在）」。その他。
物理について：「物理法則発見における創造的発想（副題：ターレスからシュレーディガーまでの自然認識の変化について）」、「侏儒の旅行記（副題：不確定性原理と波動性・粒子性が支配する世界）」。その他多数。
人間について：「人間とは何か、実在とは何か（副題：人間の感情と知性は自然科学の体系の中の何処に如何に位置づけられるか）」。

自然の究極の姿に思いを馳せるとき、どうしても切り離して考える事が出来ないのが、それを認識する人間の感情や知性との関係、それを本書で披瀝する。

人間とは何か　実在とは何か

2019年7月8日　初版第1刷発行

著　者　濱 田 利 英
発行者　中 田 典 昭
発行所　東京図書出版
発売元　株式会社 リフレ出版
〒113-0021　東京都文京区本駒込 3-10-4
電話 (03)3823-9171　FAX 0120-41-8080
印　刷　株式会社 ブレイン

ISBN978-4-86641-252-8 C0095
Printed in Japan 2019

ご意見、ご感想をお寄せ下さい。

［宛先］〒113-0021　東京都文京区本駒込 3-10-4
東京図書出版